*Para*

*com votos de paz.*

# Projeto
# Manoel Philomeno de Miranda

# Passes:
## Aprendendo com os Espíritos

Salvador

4. ed. – 2024

COPYRIGHT © (2005)
CENTRO ESPÍRITA CAMINHO DA REDENÇÃO
Rua Jayme Vieira Lima, 104
Pau da Lima, Salvador, BA.
CEP 412350-000
SITE: https://mansaodocaminho.com.br
EDIÇÃO: 4. ed. (1ª reimpressão) – 2024
TIRAGEM: 3.000 exemplares (milheiro: 22.000)
COORDENAÇÃO EDITORIAL
Lívia Maria C. Sousa

REVISÃO
Luciano Urpia
CAPA
Cláudio Urpia
MONTAGEM DE CAPA
Ailton Bosco
EDITORAÇÃO ELETRÔNICA
Ailton Bosco
COEDIÇÃO E PUBLICAÇÃO
Instituto Beneficente Boa Nova

PRODUÇÃO GRÁFICA
LIVRARIA ESPÍRITA ALVORADA EDITORA – LEAL
E-mail: editora.leal@cecr.com.br

DISTRIBUIÇÃO
INSTITUTO BENEFICENTE BOA NOVA
Av. Porto Ferreira, 1031, Parque Iracema. CEP 15809-020 Catanduva-SP.
Contatos: (17) 3531-4444 | (17) 99777-7413 (WhatsApp)
E-mail: boanova@boanova.net
Vendas on-line: https://www.livrarialeal.com.br

Dados Internacionais de Catalogação na Publicação (CIP)
(Catalogação na fonte)
BIBLIOTECA JOANNA DE ÂNGELIS

---

F825    FRANCO, Divaldo Pereira. (1927)

        *Passes: aprendendo com os Espíritos*. 4. ed. / Divaldo Pereira Franco [*et al.*]. Salvador: LEAL, 2024.
        112 p.
        ISBN: 978-65-86256-24-6

        1. Espiritismo 2. Fraternidade 3. Projeto Manoel Philomeno de Miranda I. Franco, Divaldo II. Neves, João III. Azevedo, Geraldo IV. Calazans, Nilo V. Ferraz, José VI. Título

CDD: 133.90

---

Bibliotecária responsável: Maria Suely de Castro Martins – CRB-5/509

DIREITOS RESERVADOS: todos os direitos de reprodução, cópia, comunicação ao público e exploração econômica desta obra estão reservados, única e exclusivamente, para o Centro Espírita Caminho da Redenção. Proibida a sua reprodução parcial ou total, por qualquer meio, sem expressa autorização, nos termos da Lei 9.610/98.
Impresso no Brasil | Presita en Brazilo

# SUMÁRIO

APRESENTAÇÃO    7

GRUPO 1 – ESPÍRITOS APLICANDO OU INSPIRANDO A
APLICAÇÃO DE PASSES EM REUNIÕES MEDIÚNICAS    13

Subgrupo 1.1    13

Subgrupo 1.2    19

Subgrupo 1.3    29

Subgrupo 1.4    43

Subgrupo 1.5    51

Subgrupo 1.6    59

GRUPO 2 – ESPÍRITOS APLICANDO OU INSPIRANDO A
APLICAÇÃO DE PASSES FORA DAS REUNIÕES MEDIÚNICAS    63

ÚLTIMAS REFLEXÕES    91

POSFÁCIO    93

Passes – Aprendendo com Jesus e com Allan Kardec    93

Trechos das obras básicas do Espiritismo    101

Trechos da Revista Espírita    107

Diversos Estudos recomendados pelos autores (Projeto
Manoel Philomeno de Miranda) para consulta    111

# APRESENTAÇÃO

Este trabalho de pesquisa bibliográfica foi elaborado pensando em todos quantos se interessam pelas reuniões mediúnicas de caráter terapêutico e aplicam passes nas Casas Espíritas. Atende especificamente às necessidades de quem se dedica ao alívio do sofrimento alheio através de recursos espirituais e, de modo amplo, a quantos se envolvem com o Espiritismo prático.

Persiste, ainda hoje, no Movimento Espírita, alguma dificuldade em relação à escolha das técnicas bioenergéticas, embora a terapia pelos passes esteja perfeitamente aceita e incorporada como procedimento doutrinário no meio espírita.

Esta dificuldade, em grande parte, deve-se ao fato de que nem Allan Kardec, nem os Espíritos que o assessoraram no trabalho de lançar os fundamentos da Doutrina Espírita, propuseram modos e formas de aplicação de passes, o que é compreensível, pois o que importava, naquele momento, era a consolidação dos princípios básicos. Como, na época, existiam vários sistemas terapêuticos, todos muito respeitáveis, englobados num só movimento, o Magnetismo, a adoção de preferências significaria trazer para o Movimento Espírita nascente a paixão das disputas e a confusão das ideias antes da construção das bases. Alguns daqueles sistemas sofreram a erosão do tempo e caíram no esquecimento. Outros foram incorporados ao Movimento Espírita, sendo praticados até hoje, sem contar com alguns, de elaboração mais recente, digamos da era pós-kardequiana, os quais conquistaram adeptos e aí se encontram disseminados.

Que procedimentos são efetivos e confiáveis, e para que indicações se aplicam? Esta é a questão. E quando falamos de procedimentos confiáveis, estamos objetivando, sem dúvida, identificar as fontes de onde promanam e os fundamentos experimentais em que se baseiam para que os adotemos, em função da respeitabilidade que merecem.

Não levantaremos, aqui, a questão da necessidade, ou não, de procedimentos – assunto inócuo –, pois todos os que se dedicam à transmissão dos passes jamais prescindiram deles, ainda que utilizando os mais simples. Isto porque a sua ausência total seria a cura espontânea pela irradiação apenas do amor, sem toques, sem gestos, sem nada. E esta não é a proposta de Allan Kardec para a mediunidade curadora, que ele definiu como *o dom que possuem certas pessoas de curar pelo simples toque, pelo olhar, mesmo por um gesto, sem o concurso de qualquer medicação.*

Grifamos de propósito a palavra gesto para ressaltar que os diversos métodos de aplicação de passes utilizam posturas, gestos e movimentos direcionados para determinadas partes do corpo ou do perispírito, com intenções bem definidas de produzir este ou aquele efeito. Bem sabemos que os procedimentos não se restringem ao aspecto mecânico das posturas físicas ou dos gestos, mas alcançam a postura mental, que determina a capacidade de irradiar o pensamento e de movimentar energias.

Este pequeno trabalho é proposta para os que desejam roteiro seguro e não dispõem de conhecimentos suficientes nem vocação para se tornarem pesquisadores capazes de fazer, por si mesmos, as experiências que os levem à adoção de procedimentos confiáveis. E a proposta é muito simples: APRENDER COM OS BONS ESPÍRITOS E FAZER COMO ELES FAZEM, de conformidade com as narrativas dos livros mediúnicos que ditaram.

André Luiz e Manoel Philomeno de Miranda – em maior profusão este último – têm-se reportado à ação de técnicos do Mundo espiritual, desconhecidos dos homens, e também à de mentores, bastante conhecidos do Movimento Espírita, como os Espíritos Bezerra de Menezes, Eurípedes Barsanulfo, Carneiro de Campos e ele próprio. Se anotarmos os casos por eles atendidos, as circunstâncias e os resultados obtidos, relacionando-os com os procedimentos utilizados, poderemos compor um sistema de referência para usar experimentalmente no trabalho que desenvolvemos aqui no mundo físico, no cumprimento de nossas obrigações como seus colaboradores.

Os Espíritos citados constituem uma plêiade de Entidades nobres, com responsabilidades definidas no projeto de estabelecer aplicativos para a Doutrina Espírita, cujos fundamentos foram lançados por Allan Kardec, o emérito Codificador.

Sobre o valor dos autores das narrativas – André Luiz e Philomeno de Miranda – nenhuma dúvida paira, pois, além da respeitabilidade de que se investiram através das conquistas do amor e do conhecimento, que as têm de forma equilibrada, tal como os Espíritos sábios, eles serviram-se de médiuns experientes e de grande valor moral, perfeitamente enquadrados na categoria dos seguros, conforme classificação de Allan Kardec, em *O Livro dos Médiuns*, item 197. Portanto, escrever sobre Francisco Cândido Xavier e Divaldo Franco exigiria espaço de muitas páginas e talvez não disséssemos tanto quanto suas próprias vidas, espraiando-se em amor e serviço na alma das gentes e no coração do povo.

André Luiz, médico de subida competência profissional, atualiza, com dados da Ciência do Plano espiritual, o conhecimento sobre fisiologia humana e a arte de curar, investindo-se da excepcional missão de descrever a vida nas colônias espirituais e lançar pontes entre o saber acadêmico da Terra e as realidades ampliadas da Vida Maior.

Philomeno de Miranda foi pioneiro das lides desobsessivas, desde o tempo de encarnado, na antiga União Espírita Baiana, hoje Federação Espírita do Estado da Bahia. Trasladado para a Pátria Espiritual, por quarenta anos dedicou-se ao estudo da obsessão, supervisionado por Espíritos de alto coturno, quais Bezerra de Menezes e outros. Por último, colocando-se como repórter, a fim de revelar aos homens os meandros da obsessão, seus multifacetados aspectos, bem como as terapias espirituais correspondentes.

Das obras desses Espíritos, selecionamos, para analisar e comentar, as citações mais sugestivas, procurando identificar procedimentos, posturas e outras importantes lições terapêuticas, claras ou veladas, para trazê-las à tona e aplicá-las em nosso trabalho no plano dos encarnados. Separamo-las em dois grandes grupos:

a) Espíritos aplicando ou inspirando a aplicação de passes em reuniões mediúnicas (dividido em seis subgrupos).

b) Espíritos aplicando ou inspirando a aplicação de passes fora de reuniões mediúnicas.

*A estrutura deste trabalho obedecerá ao seguinte formato: Em primeiro lugar, o exemplo; seguindo-se a ele, breve relato para entendimento dos fatos que determinaram a ação dos Espíritos; na sequência, comentário dos autores com as ilações suscitadas pelo caso, para concluir, no final de cada subgrupo estudado, com um comentário de fechamento, destacando certos aspectos considerados importantes que nos ensejem tirar conclusões oportunas.*

Este trabalho tem como vantagem adicional, agregada à proposta de estudo apresentada, ensejar-nos rememoração das obras de André Luiz e de Philomeno, com visão conjuntural delas.

Fizemo-lo com o auxílio de muitos amigos, de muitas terras deste Brasil gigante, que o criticaram antes da publicação, convencendo-nos ou induzindo-nos a fazer alterações que o tornaram bem melhor do que o projeto original.

*Com os agradecimentos da equipe do Projeto*
*MANOEL PHILOMENO DE MIRANDA*

# GRUPO 1 – ESPÍRITOS APLICANDO OU INSPIRANDO A APLICAÇÃO DE PASSES EM REUNIÕES MEDIÚNICAS

SUBGRUPO 1.1 – COM A FINALIDADE DE RECOMPOR EMOCIONALMENTE O ESPÍRITO OU O MÉDIUM, CRIANDO CONDIÇÕES PARA PROSSEGUIMENTO DO DIÁLOGO.

1º EXEMPLO: *Nos Bastidores da Obsessão*, 5. ed., FEB, Capítulo 2, p. 72:

O ambiente é o da antiga União Espírita Baiana, hoje Federação Espírita do Estado da Bahia (FEEB); as providências socorristas a benefício de Mariana, iniciadas na reunião mediúnica da noite, prosseguiriam na madrugada.

Saturnino (Espírito) trouxe, desdobrados pelo sono, os envolvidos no caso. E porque Mariana se desesperasse ao defrontar com seu perseguidor, o mentor tranquiliza-a, passando aos procedimentos terapêuticos programados, a começar pelo despertamento do inimigo espiritual da moça.

A Entidade, vendo-se em uso da razão e reconhecendo-a, como se fora tomada de horror, agitando os punhos, intentou atirar-se sobre ela, no que foi impedido por auxiliares vigilantes. O verbo agressivo então escorreu de seus lábios, dos quais saía substância escura, nauseante.

Nominalmente convocada, a moça desferiu horrível grito e caiu dominada por convulsões, sendo igualmente assistida. Entrando em transe e mergulhando no passado, sai para o repto, contestando o seu acusador.

O diálogo entre ambos prossegue dramático, com interferências moderadoras do benfeitor espiritual, que dialoga longamente com o algoz, levando-o, de surpresa em surpresa, às lembranças do passado. Em dado momento, o sofredor evoca a região punitiva em que se surpreendera após o suicídio nefando e, parecendo sofrer indescritíveis padecimentos, pôs-se a debater, chorando copiosamente.

*O Assessor de Saturnino, solícito, acudiu presto o indigitado sofredor, aplicando-lhe passes reconfortantes, de modo a desembaraçar-lhe a mente dos fantasmas da evocação dolorosa. Depois de demorada operação magnética, em que eram dispersadas as energias venenosas, elaboradas pelo baixo teor vibratório do próprio Espírito, este se refez paulatinamente, recobrando alguma serenidade.*

❖

A intervenção mediante os passes dá-se em momento dramático da catarse do Espírito e tem a finalidade de abrandar o impacto emocional das lembranças, trazendo sua consciência para a realidade espaço-tempo em que se encontrava, a fim de que o diálogo pudesse continuar em clima favorável à absorção dos recursos educativos oferecidos pela fala amorosa de Saturnino.

O Espírito dialoga com o mentor sem estar incorporado por médium, embora Petitinga, a mãe de Mariana e outros membros da equipe de encarnados ali se encontrassem, certamente em atitude de colaboração. Houvesse incorporação mediúnica e o procedimento de passe seria idêntico, a começar pelos dispersivos.

Quão importante é sabermos que os amigos espirituais reservam a noite para desdobrarem providências libertadoras em prol dos enfermos da Terra! Todo participante de reunião mediúnica deve estar disponível e pronto para atender ao chamamento dos bons Espíritos, enquanto o corpo repousa nas horas de refazimento pelo sono.

2º EXEMPLO: *Grilhões Partidos*, 4. ed., LEAL, Capítulo 19, p. 167 e 169:

Ester, menina-moça de família tradicional carioca, em plena festa de seus quinze anos sofre violação obsessiva que a conduz a demorado internamento hospitalar. Após longo período de amargura, seus pais conseguem aproximar-se do Espiritismo, permitindo fosse introduzida a terapêutica desobsessiva no tratamento da filha.

Estamos em reunião mediúnica da Instituição Espírita em que o Espírito Bezerra de Menezes atende o caso. O obsessor, conduzido ao transe mediúnico pela terceira vez, dirige-se ao pai da jovem enferma, presente na reunião, e é fraternalmente convidado pelo doutrinador a identificar-se. Ao fazê-lo, lembra-se de sua desencarnação – "Pois, bem, chamo-me Matias. Morri na guerra por ordem dele... Pergunte-lhe. Talvez não recorde. Quem lembraria de um reles soldado infeliz?... Ele era, então, capitão, e dava a impressão de que a guerra era dele... Era dezembro de 1944... As ordens eram para tomar a Cordilheira de Monte Castelo. Eu participava da última batalha e retornava ao combate..."

– e começa a deblaterar, dolorosamente, revivendo a sua morte.

*O abnegado Bezerra, que o socorria carinhosamente, presto lhe aplicou recursos balsamizantes, de modo a auxiliá-lo no depoimento esclarecedor, ajudando-o a descarregar as energias negativas que o enlouqueciam.*

❖

*O Coronel Sobreira, inspirado pelo mentor, acercou-se do médium e acudiu Matias incorporado com o recurso da aplicação de passes magnéticos de longo curso com a função calmante.*

❖

*A fluidoterapia oportuna recompôs a Entidade, que, estimulada pelo afável Bezerra, deu curso à narração dos infaustosos acontecimentos.*

❖

Nesses dois atendimentos em sequência, o do mentor e o do doutrinador, fica demonstrada, por parte do terapeuta encarnado, a compreensão clara do seu papel, tomando iniciativas apropriadas no momento exato em que observou as dificuldades do médium, atingido pelo desequilíbrio emocional do Espírito. Atento, soube aliar a lógica da razão com a da intuição, captando a onda-pensamento do mentor.

Nestes casos, a atuação pelos passes se dará no momento em que o desequilíbrio se instalar, que poderá ser no início, durante ou no final da comunicação. A rapidez de ação do terapeuta é fator de sucesso no atendimento, pois, do contrário, corre-se o risco de se acentuarem as dificuldades do médium pela exacerbação de seu sistema nervoso. Um terapeuta atento chamará o médium à atenção toda vez que ele relaxe o controle, pedindo-lhe para reagir.

COMENTÁRIO DE FECHAMENTO DESTE SUBGRUPO:

Em nenhum dos dois atendimentos o narrador fez referência à técnica de passe utilizada.

Para preencher esta lacuna, recorremos à obra *Terapia pelos Passes*, 4. ed., página 114, de nossa autoria, na qual Divaldo Franco, ao ser entrevistado, certamente inspirado, propõe:

Acredito que os médiuns em transe somente deverão receber passes quando se encontrem sob ação perturbadora de Entidades em desequilíbrio, cujas emanações psíquicas possam afetar-lhes os delicados equipamentos perispirituais. Notando-se que o médium apresenta estertores, asfixia, angústia acentuada durante o intercâmbio, como decorrência de intoxicação pelas emanações perniciosas do comunicante, é de bom alvitre que seja aplicada a terapia do passe, que alcançará também o desencarnado, diminuindo-lhe as manifestações enfermiças. Nesse caso, também será auxiliado o instrumento mediúnico, que terá suavizadas as cargas vibratórias deletérias. Invariavelmente, em casos de tal natureza, devem-se objetivar os chakras coronário e cerebral do médium, através de movimentos rítmicos dispersivos, logo após seguidos de revitalização dos referidos centros de força. Com essa terapia pode-se liberar o médium das energias miasmáticas que o desencarnado lhe transmite, ao tempo em que são diminuídas as cargas negativas do Espírito em sofrimento.

Essa mesma técnica aplica-se a médiuns exauridos após comunicações muito dolorosas ou para facilitar o transe nos médiuns inexperientes.

Divaldo refere-se a *centros de força*. Neste pequeno estudo, citaremos muitas vezes esses centros de força. Conquanto o assunto seja familiar a quantos lidam com as questões práticas da mediunidade, seria muito útil que nos reciclássemos, por exemplo, com as informações do ministro Clarêncio contidas no capítulo XX da obra *Entre a Terra e o Céu* (Editora FEB), de André Luiz, psicografada por Francisco Cândido Xavier. O estudo poderá ser ampliado com noções sobre o passe magnético, consultando o capítulo XV de *Evolução em Dois Mundos* (Editora FEB), da lavra dos mesmos autor e médium.

SUBGRUPO 1.2 – COM A FINALIDADE DE INTERROMPER COMUNICAÇÃO MEDIÚNICA PARA PROTEÇÃO DO MÉDIUM OU DO TERAPEUTA DOUTRINADOR.

3º EXEMPLO: *Nas Fronteiras da Loucura*, 1. ed., LEAL, Capítulo 25, p.184:

O atendimento é para Julinda, jovem mulher obsidiada internada em hospital psiquiátrico. O Espírito Bezerra de Menezes interessou-se pelo caso atraído pela prece que a mãe da jovem, aflita, envia aos céus. Católica, D. Angélica ouve falar do "médico dos pobres" e clama por sua intercessão. Bezerra, sensibilizado ante a veemência daquela invocação, acorre em atitude de ajuda; inteira-se das dificuldades da enferma, atende-a com passes e providencia a desobsessão na Casa Espírita onde exercia o ministério da caridade a Auxiliar de Enfermagem Rosângela que, no hospital, se transformara em benfeitora devotada de Ester.

Estamos em reunião mediúnica. O Espírito agressor – Ricardo – incorporado num médium equilibrado está sendo atendido. O diálogo já ia adiantado quando o comunicante encolerizou-se e quis agredir o doutrinador, acionando o médium. Depois da tentativa não consumada, o doutrinador, inspirado pelo Espírito Bezerra de Menezes, decide interromper o diálogo, que fora programado tão-somente para que se desse o choque anímico, ponto de partida do programa socorrista estabelecido.

*Compreendendo que mais nada poderia ser feito naquela conjuntura e inspirado por Doutor Bezerra que acompanhava a tarefa sob controle, passou a aplicar passes no médium, enquanto o mentor desprendia Ricardo, que se liberou, partindo na direção de Julinda, sob a força da imantação demorada a que se fixara, não se dando conta de como sequer retornava.*

❖

Em doutrinação, a inspiração é tudo. O apercebimento de que o atendimento não se deveria estender, naquele caso, foi essencial. Primeiro, porque não se perdeu tempo com diálogo prolongado e improdutivo e, segundo, porque se poupou o médium de desgaste desnecessário. Como o Espírito expressou mentalmente o desejo de agredir o doutrinador, o médium, educado que era, envolveu-o em energias mentais de controle, facilitando ao terapeuta, de pronto, tomar as providências que lhe cabiam.

Em muitos desses casos, quando os encarregados do esclarecimento, por inexperiência, deixam de tomar as iniciativas necessárias para interromper a comunicação, os mentores espirituais o fazem, deixando-os surpresos por não compreenderem o ocorrido.

Convém destacar um fato: interrompido o transe, o Espírito agressor volta à sua hospedeira e vítima, atraído por vigorosos laços magnéticos que o atavam a ela. É o início da terapia. Mais adiante esse caminho para a vítima lhe é interditado ou desvanece-se naturalmente pela diluição dos sentimentos de ódio, dando ensejo a outras providências terapêuticas mais efetivas.

4º EXEMPLO: *Trilhas da Libertação*, 1. ed., FEB, Capítulo *Terapia Desobsessiva*, p. 82:

A cena é de uma reunião mediúnica no plano físico. A médium Raulinda oferece passividade ao seu próprio obsessor, uma passividade atormentada.

O Espírito, que destilava amargura, controlava-lhe os centros coronário, cerebral e cardíaco, produzindo sudorese abundante e colapso periférico, seguido de alteração respiratória, além de comprimir-lhe fortemente os ovários, como se desejasse estrangulá-los. Gargalhava, estentórico, levando a paciente à perda do autocontrole. Ela se debatia atabalhoadamente e, mesmo emulada pelo doutrinador a manter o controle, toda vez que o invasor lhe comprimia a região sensível e enferma, sentia dores e estrugia em gritos, que misturava a gargalhadas e quase convulsões nervosas.

*A palavra calma do Orientador mais o excitava à vingança, prosseguindo nas atitudes de desforço e maus-tratos.*

*Aplicando energias saudáveis na médium e fluidos dispersivos nos centros da fixação mediúnica, por entender que a terapia deveria ser de longo curso, o dirigente conseguiu interromper a psicofonia atormentada, enquanto o irmão Vicente induzia psiquicamente o obsessor para o afastamento da vítima.*

❖

O passe dispersivo foi intencionalmente aplicado para interromper a comunicação, direcionado, portanto, para os centros de fixação mediúnica, conforme consta da narrativa de Manoel Philomeno de Miranda. E quais são esses centros? Sendo o fenômeno mediúnico processo essencialmente telepático, de mente a mente, os centros de força envolvidos são os relacionados com a captação das ondas-pensamento – o coronário – e a introjeção desse material no mundo mental do médium através do cerebral.

Casos de sevícias e maus-tratos praticados pelo Comunicante contra o médium, sempre impõem a necessidade imediata de interromper a comunicação. Pelo ímpeto com que se apresentava a Entidade, a impressão que se tem é de que o perseguidor de Raulinda manifestava-se ostensivamente na reunião mediúnica pela primeira vez, tornando possível, naquele momento, compreender-se as dificuldades existenciais por que a médium vinha passando.

Seria necessário que o doutrinador percebesse, conforme se deu, que o comunicante era obsessor da própria médium e que aquela situação não se resolveria de imediato.

A ocorrência pode surpreender alguém desacostumado com os labores desobsessivos, que se perguntará:

– Por que a comunicação do Espírito vingador através de sua própria devedora? Por que os mentores não programaram a comunicação através de outro médium experiente e em situação de neutralidade emocional, mais apto, portanto, para exercer o controle?

E a resposta será:

– Poderiam fazê-lo. Todavia, a médium, naquelas circunstâncias, precisava viver a experiência. Afinal, quem semeia é o mesmo que colhe. Certamente Raulinda aportou à Casa Espírita com a mediunidade avassalada pela presença ostensiva do inimigo. Como porto seguro, a Casa e a terapia espírita suavizaram-lhe as aflições e porque tinha compromisso com a mediunidade, candidatou-se ao seu exercício. Aceita, foi colocada na linha de frente do serviço ativo; mas a avença, ou desavença, que é dela somente a ela cabe deslindar.

Já houve época em que pessoas como Raulinda chegavam à Casa Espírita com sintomas mediúnicos exacerbados pela presença de inimigos espirituais. E os dirigentes de Grupos não tergiversavam em colocá-las imediatamente nas salas mediúnicas, a fim de solucionarem suas dificuldades. Tinham a intuição da importância de um compromisso mediúnico provacional e de que seus detentores seriam, eles mesmos, os instrumentos de socorro para seus desafetos espirituais, mas pecavam pela precipitação de os vincular ao serviço mediúnico antes do tempo. Hoje, compreende-se o valor de uma preparação bem cuidada. Não se pode esperar o fruto antes da hora, nem deixar a árvore que vai produzi--lo sem o cuidado da adubação e da melhor rega.

São indispensáveis para iniciar-se o desenvolvimento mediúnico:

a) O conhecimento teórico, que proporciona meios para se entender como agem os Espíritos ignorantes;

b) Passes e orientações pessoais, que fortalecem o autocontrole, a religiosidade e a renovação íntima; e, por último;

c) Oportunidades de integração no trabalho do Bem, que enseja aquisição de méritos e criação de laços afetivos com os membros da Casa acolhedora. Somente depois desse estágio estará o sensitivo pronto e com maiores chances de obter sucesso no empreendimento.

É falso o entendimento de que apenas frequentando reunião mediúnica o sensitivo pode receber proteção, devendo apressar-se-lhe o ingresso. Este pensamento piedoso não traduz a realidade, pois enquanto a pessoa se prepara, abrigada numa Casa séria, o Espírito é mantido sob controle, recebendo benefícios também, até o momento certo de iniciar os transes terapêuticos supervisionados pelos mentores e direcionados para a recuperação de ambos: – obsessor e médium.

Ao contrário, iniciar tarefas mediúnicas com o candidato em desarmonia acentuada, despreparado, constitui causa de maiores desarmonias nele, expondo-o desfavoravelmente perante o grupo em que foi colocado, além de concorrer para a desestabilização do trabalho da equipe.

As primeiras comunicações através de médium assim endividado (mesmo depois de preparado) são de Espíritos doentes, semelhantes a ele mesmo, como aprendizagem indispensável. Virá depois o assédio dos seus inimigos, criando obsessões simples, como tentativas de inviabilizar-lhe o desenvolvimento mediúnico, levando-o à desistência. Chega, todavia, o momento em que os mentores conduzem esses Espíritos ao transe mediúnico de caráter terapêutico, através do próprio médium de quem têm mágoa, o que atenuará as ligações magnéticas entre eles, liberando, paulatinamente, este último da constrição obsessiva e maleabilizando sua faculdade para atender outros Espíritos.

Este tipo de programa, não sendo único, é muito comum. Em suma: os médiuns de prova reencarnam para compromisso de trabalho com clientela definida – aqueles a quem prometeram ajudar, seja por amor ou pelo dever de se reabilitarem, ensejando-lhes, também, oportunidade de libertação. A esse compromisso inevitável vão incorporando outros, na medida do progresso funcional e moral que conquistam, primeiro pela sintonia natural do semelhante que atrai o semelhante, depois pela sintonia da misericórdia que faz da compaixão campo de ascensão impossível de ser detido. É assim que se abrem os caminhos para o amor. E esta sintonia não pode ser quebrada pela violência de decisões arbitrárias. Então, Raulinda, e preferencialmente ela, teria que emprestar seus recursos mediúnicos para ajudar aquele a quem desgraçou no passado. O exercício mediúnico de caráter provacional iria constituir-se-lhe na vida um crisol depurador.

5º EXEMPLO: *Trilhas da Libertação*, 1. ed., FEB, Capítulo *Guillaume e Gerard*, p. 142:

A reunião realiza-se no Mundo espiritual, em continuação a outra no plano físico. Leonardo, em desdobramento pelo sono, está incorporado por Espírito inimigo do médium Davi, que, também desdobrado, assiste à cena.

Carneiro de Campos, com recursos magnéticos projetados em tela de substância alvinitente, os faz rever as cenas do passado que desencadearam a obsessão e as vai narrando, com explicações aos contendores. Concluída a narrativa, o mentor se põe a dialogar com o Espírito cobrador, permitindo a Davi – que lhe pede licença – dialogar com seu opositor. Antes que houvesse desfecho para a confabulação entre os litigantes, o mentor interrompe-a, silenciando Davi e induzindo seu perseguidor ao sono refazedor.

*Projeto Manoel Philomeno de Miranda*

*Aplicando-lhe energias balsâmicas e repou-
santes, vimos Guillaume asserenar-se, adormecendo
profundamente.*

❖

A interrupção do diálogo colheu de surpresa o próprio
Philomeno, conforme expressa mais adiante em sua narrativa. Todavia, porque outras tarefas estivessem em curso, não
pergunta aos superiores, aguardando ocasião mais oportuna
para fazê-lo e entregando suas necessidades intelectuais à
Providência Divina.

A interrupção de um diálogo pode dar-se por defi-
ciência do dialogador ou por motivos estratégicos dos mentores espirituais, a maioria das vezes inacessíveis à percepção
dos dirigentes encarnados.

O dialogador encarnado fará autocrítica e, não iden-
tificando nenhuma atitude inconveniente no seu trabalho,
mesmo sem entender as razões da interrupção do diálogo
antes de desfecho lógico, confiará na decisão dos amigos
espirituais.

No trabalho mediúnico, os integrantes da equipe
encarnada são auxiliares e aprendizes, devido à distância
cultural e perceptiva que normalmente existe em relação à
equipe espiritual. Referimo-nos aos grupos bem estrutura-
dos a serviço do ideal cristão.

6º EXEMPLO: *Trilhas da Libertação*, 1. ed., FEB, Capítulo *O Enfrentamento*, p. 290:

A ocorrência dera-se em reunião no plano físico. Depois de várias comunicações de Espíritos obsessores, por último veio o Khan Tuqtamich:

– *Exijo consideração, tendo em vista meu poder.*

– *O amigo não pode exigir nada, pois que é destituído de direitos, tendo em vista o execrável comportamento que se tem permitido. É credor, isto sim, de nossa compaixão, a qual lhe distendemos em nome da piedade cristã.*

Depois da redarguição enérgica do Sr. Almiro, dialogador encarnado, Philomeno de Miranda, inspirado pelo irmão Vicente, prossegue a narrativa:

*Era demasiado. O desafiante foi tomado de estupor, alterando a organização mediúnica de Dona Armênia, que parecia próxima de um ataque de apoplexia. Espumando, ia prosseguir com o propósito de vitimar a médium, quando Fernando (um Espírito) aproximou um aparelho vibrador, que foi acoplado à cabeça da senhora, e descargas azuladas envolveram o agressor que lentamente cedeu e derreou. Delicadamente foi desligado da médium e colocado sobre uma mesa ao lado, que o aguardava.*

❖

A ação foge completamente aos padrões até aqui examinados. A utilização de aparelhos concebidos pela engenharia da Espiritualidade, para fins terapêuticos e de controle os mais variados, surpreende aos que estamos na esfera física, apesar de tanta tecnologia existente no mundo. A capacidade de prever dos bons Espíritos causa espécie: compreendendo as limitações e fragilidades naturais dos colaboradores encarnados, era compreensível que o desfecho daquele atendimento estivesse sendo aguardado pelos mentores; portanto, tudo estava arrumado.

Da parte dos seres humanos, são indispensáveis, em trabalhos dessa ordem: senso de responsabilidade e fé. Afinal, nessas operações socorristas está todo um investimento objetivando a construção do progresso moral na Terra.

COMENTÁRIO DE FECHAMENTO DESTE SUBGRUPO:

O passe é recurso auxiliar importante quando mentores ou terapeutas encarnados, inspirados pelos primeiros, precisam suspender uma comunicação mediúnica por necessidade de serviço, por questões de segurança ou quando se transfere ação para ocasião mais oportuna. A técnica para o passe é dispersiva, envolvendo os centros de captação mediúnica, ou seja, o coronário e o cerebral, como proposto no 4º exemplo.

Tais necessidades não ocorrem apenas em reuniões mediúnicas; podem dar-se, por exemplo, num socorro emergencial no Atendimento Espiritual da Casa Espírita, quando, lidando-se com pessoas encarnadas, alguém entra em transe mediúnico, subitamente, ou chega na Casa mediunizado. Nesses casos, a técnica de passe é a mesma, auxiliada por apelos verbais para que o médium reaja – se consciente estiver – ou direcionados para o Espírito – nos casos de transes sonambúlicos –, com austeridade amorosa, solicitando que se afaste até outra oportunidade, quando será atendido.

SUBGRUPO 1.3 – COM A FINALIDADE DE ADORMECER, FINALIZANDO ATENDIMENTOS.

7º EXEMPLO: *Nos Bastidores da Obsessão*, 5. ed., FEB, Capítulo 1, p. 57:

José Petitinga, fundador da antiga União Espírita Bahiana, está doutrinando o inimigo espiritual que se vinculara à jovem Mariana. O caso em tela foi atendido em reuniões mediúnicas no plano físico, seguidas de outras, no Plano espiritual, nas dependências da veneranda Casa. Em verdade, aquele não era problema só de Mariana, mas de todo o seu grupo familiar, já que o pai, viciado na jogatina e no álcool, de comportamento inadequado, constituía-se, com os outros irmãos, campo fácil para a ação dos adversários espirituais, mormente o que, naquele momento, Petitinga atendia.

*O irmão Saturnino, semi-incorporado no venerando doutrinador, ergueu-o, e, dirigindo-se ao perturbador-perturbado, em oração, começou a aplicar-lhe passes, de modo a diminuir-lhe as agudíssimas ulcerações e torturas.*

*Branda claridade envolveu o comunicante, enquanto as mãos de Saturnino, justapostas às de Petitinga, como depósitos de radiosa energia, que também se exteriorizava do plexo cardíaco do passista, lentamente penetraram os centros de força do comunicante, como a anestesiar-lhe a organização perispiritual em desalinho. Com voz compassiva, o diretor dos trabalhos começou a exortar:*

*Durma, durma, meu irmão... O sono far--lhe-á bem. Procure tudo esquecer para somente lembrar-se de que hoje é novo dia... Durma, durma, durma...*

*O perseguidor foi vencido por estranho torpor, sendo desligado do médium por devotados assessores desencarnados, que cooperavam no serviço de iluminação.*

❖

No momento em que a providência sonoterápica foi utilizada, a Entidade estava inflexível na disposição de continuar prejudicando sua vítima. Petitinga, inspirado, compreende que era chegado o momento de aliviar aquela dor – a dor de um suicida vencido pelo ódio – reforçando, com os passes, a terapia do choque anímico que fora programada como etapa inicial do processo de desobsessão.

O doutrinador deve saber o momento de interromper ou finalizar um diálogo. Ele não pode esperar que o Espírito mude seus sentimentos de uma hora para outra, nem levar suas tentativas, nesse sentido, até o limite da exaustão do médium ou do Espírito.

Sobre a técnica, o narrador afirma: "As mãos do passista penetraram lentamente os centros de força" (no plural), o que sugere passe longitudinal direcionado para mais de um, muito provavelmente a partir do coronário. Já a palavra "lentamente" dá ideia de ação revigorante, associada ao efeito anestésico do passe.

Detalhe importante na ação de Petitinga: ele associa à sugestão hipnótica – dormir – outra, pós-hipnótica dormir, sim, mas lembrar-se de que aquele era novo dia e que ele deveria esquecer o passado. É sempre bom quando, ao induzir o Espírito ao sono, propõe-se algo que possa concretizar-se depois, no despertamento.

8º EXEMPLO: *Grilhões Partidos*, 4. ed., LEAL, Capítulo 16, p. 143:

Ester é a debutante acometida por violação obsessiva a que nos referimos no 2º exemplo. Já sabemos que os seus pais, colhidos pelo impacto do acontecimento, mergulharam em profunda amargura que os fez aproximarem-se do Espiritismo.

O Espírito Bezerra de Menezes, chamado a colaborar no caso, sugere reuniões mediúnicas desobsessivas extras (duas vezes por semana), para as quais foram convidados os progenitores de Ester.

Na primeira dessas reuniões, Manoel Philomeno de Miranda põe-se a aplicar passes no Espírito obsessor, simultaneamente à doutrinação, atendendo solicitação do mentor:

> *Atentos às instruções do orientador espiritual, acercamo-nos do sofredor em desvario e aplicamos--lhe passes cuidadosos, anestesiantes.*
>
> *A Entidade, que fora acometida de grande surpresa ao ouvir o nome de Jesus Cristo, recebeu a vibração mental que a acompanhava e lembrou-se, momentaneamente, do Crucificado. Pela mente aturdida, repassaram algumas impressões das oleogravuras que conhecera na Terra e estremeceu receoso.*
>
> *Com os recursos que lhe aplicáramos, experimentou rápido colapso da palavra, dos sentidos e, enquanto o Evangelizador falava sobre a grandeza*

*do Cristo de Deus, impregnando o sofrido persegui-*
*dor, este adormeceu e foi retirado, inconsciente.*

Há preciosa lição nesse exemplo: a presença do Cristo que está gravada profundamente na alma de quase todas as criaturas da Terra, inclusive naquele ser sofrido e amargurado que ali estava em atendimento. Sem correr o risco de estar divagando, podemos afirmar que existem apenas dois tipos de criatura: a que já se deu conta de que O ama e a que, amando-O, cultiva a ilusão de que O detesta, pelo temor disfarçado que experimenta. Jamais conseguirá arrancar de si o Cristo.

O Espírito enfermo vitimado pelo ódio, ali em atendimento fraterno espiritual, quando ouve pronunciar o nome de Jesus por alguém que O ama, ele, que também O ama sem saber, descontrola-se, teme, quebra a fixação com o tema infeliz da vingança que o absorve. É momento de autodescobrimento, um *insight* próprio de seu nível evolutivo, que lhe irá abrir portas para a renovação, mais adiante.

O diálogo, até o momento em que o Espírito adormecera, não se fez demorado, tal o estado de aflição em que se encontrava. A iniciativa da sonoterapia foi tomada pelos mentores, no Plano espiritual. O sono, naquele caso, foi quase um desfecho automático da Natureza, protegendo o enfermo grave.

É importante que a equipe encarnada esteja consciente dessa possibilidade – intervenção direta dos mentores –, que é mais frequente do que se pensa, a fim de, ao deparar-se com ela, adotar atitude tranquila e colaboradora.

9º EXEMPLO: *Grilhões Partidos*, 4. ed., LEAL, Capítulo 19, p.176:

Pela terceira vez, o perseguidor de Ester é trazido à reunião mediúnica. Matias, que fora antes socorrido com passes, a fim de se reequilibrar emocionalmente e dar seguimento à sua narrativa, destila amargura e ódio decorrentes da promessa, não cumprida pelo coronel, de auxiliar alguns parentes dele, caso viesse a morrer em combate, como aconteceu.

O genitor de Ester está sendo duramente atingido pelo soldado, que relembra os acontecimentos da Segunda Guerra Mundial, em que lutara sob seu comando. Depois de narrar fatos íntimos envolvendo o pai de Ester, ele propõe, em lágrimas, ao doutrinador:

– Agora, pergunte-lhe se sabe quem sou eu – e aquele, voltando-se para o coronel, inquire:

– Deseja falar-lhe, Constâncio? Tem algo a dizer? Na Casa de Jesus todos se podem expressar, confiantes...

Estimulado pelo amigo, o coronel Santamaria, após alegar ter sido traído pela memória, pede perdão a Matias, prometendo reabilitar-se através do cumprimento das promessas que esquecera, pois ainda havia tempo de cumpri-las, beneficiando a mãe idosa de Matias e sua irmã, ambas residentes em Salvador.

Abre-se perspectiva redentora para o grupo de almas ali apascentadas pelo Pastor Divino.

E, no epílogo, a palavra conselheira do doutrinador:

– Então? – e a resposta do Espírito: – Não assumo qualquer compromisso... O problema é dele. Demais, estou muito cansado...

*Enquanto isso, atendendo ao alvitre do diretor espiritual, acorri a cooperar na indução hipnótica do comunicante, desligando-o com especial carinho dos liames que o prendiam ao médium Joel, em profundo transe inconsciente.*

Aquele entendimento entre a Entidade machucada pelo ressentimento e os pais amargurados, porque necessário, fora previsto pela Superior Administração da Vida. Daí a razão do convite, certamente inspirado, para que os genitores de Ester participassem das reuniões desobsessivas.

O Espiritismo não recomenda, nas reuniões mediúnicas, a presença de interessados ou pacientes despreparados para tão relevante mister. Todavia, naquele caso, a renovação moral dos pais de Ester, que venceram preconceitos a fim de aderirem ao Espiritismo, a identificação que conseguiram com a equipe do trabalho mediúnico, dirigida por velho amigo do Exército e os interesses da Equipe Espiritual justificaram a exceção.

Analisando o atendimento ministrado ao Espírito, chamamos a atenção para pequeno detalhe: ele, dizendo-se cansado, praticamente solicita que seja colocado a dormir.

Os encarregados da aplicação das terapias socorristas não têm outra coisa a fazer, nesses casos, senão acatarem tais desejos e facilitarem a sonoterapia, recurso abençoado prodigalizado pela Divindade para desligar a mente das fixações infelicitadoras com que as almas se impregnam na trajetória evolutiva que empreendem.

10º Exemplo: *Trilhas da Libertação*, 1. ed., FEB, Capítulo *O Caso Raulinda*, p. 131:

Final de doutrinação em reunião mediúnica ocorrida no Plano espiritual. Raulinda, em desdobramento, está incorporada por seu obsessor, repetindo-se a cena da reunião mediúnica da noite anterior (4º exemplo). Carneiro de Campos, depois de comovente doutrinação, conduziu o Espírito à reflexão de suas atitudes, conseguindo abertura mental para que pensasse num futuro mais feliz. E sinalizou-lhe a possibilidade de renascer nos braços da médium de quem se utilizava naquele momento, aquela que o desgraçara no passado.

Abalado pelos argumentos do mentor, o sofredor exclama: –*"Não sei, não sei! Estou aturdido, muito confuso. Nunca pensei num desfecho dessa ordem!"*

A partir daí, o atendimento passa do processo verbal ao magnético:

> *O benfeitor dirigiu-nos uma onda mental específica, e acorri com Fernando a aplicar energias calmantes no Espírito, que foi acometido de forte emoção, pondo-se a chorar num misto de angústia e frustração.*
>
> *Prosseguindo com o concurso de aplicação de energias, ele se foi asserenando até que adormeceu, sendo retirado...*

A dupla ação de Philomeno e de outro Espírito, aplicando energias harmonizadoras de efeito calmante, levou o Espírito ao sono, no final do atendimento, depois de demorado diálogo. No atendimento, sair da fase verbal para a fase magnética é aprendizado importante no crescimento funcional dos terapeutas espirituais encarnados.

No caso em tela, o Espírito entra numa fase de dúvidas, de ensimesmamento. Um terapeuta inexperiente teria ido além no processo da fala, consciente ou inconscientemente, à procura da vitória total (como se de vitórias necessitássemos). Mas Carneiro de Campos não agiu assim. Deixou-o entregue às suas próprias reflexões, para não transformar sua mediação num processo hipnótico, violentador do livre-arbítrio de seu interlocutor.

Estudando o diálogo de Carneiro de Campos com o Espírito sofredor, percebemos que eles se alternam muitas vezes no uso da fala. O mentor, com argumentos claros, detalhados; o Espírito, contra-arrazoando com independência e liberdade.

Normalmente esses atendimentos no Mundo das Causas fogem aos padrões das reuniões no plano físico. Aqui, tomam a feição de prontos-socorros, são mais diversificados e de curta duração – muito raramente os encarnados mantêm-se concentrados por mais de sessenta minutos, tempo de duração das reuniões mediúnicas, ou dispõem de informações suficientes a respeito da situação e do histórico de vida da Entidade –, ao passo que no Além-túmulo são mais demorados, porque vão mais profundamente ao âmago dos problemas.

11º EXEMPLO: *Trilhas da Libertação*, 1. ed., LEAL, Capítulo *Socorros de Emergência*, p. 216 e 217:

O episódio se desenrola na Esfera espiritual. A reunião fora programada para socorrer Davi, seriamente ameaçado no seu ministério mediúnico. Os desmandos sexuais e a simonia fizeram com que ele atraísse um Espírito mistificador, que passou a usar-lhe a faculdade, fazendo-se passar por seu Guia. É justamente esse Guia, empenhando-se em reconduzir Davi ao caminho correto, que o traz, em desdobramento, para nova providência socorrista.

O mistificador é induzido a incorporar-se em D. Armênia para ser doutrinado pelo dirigente do Grupo mediúnico, sob a inspiração de Carneiro de Campos e na presença de Davi. O mentor, quando entendeu que o diálogo se esgotara, depois de ouvir o Espírito apresentar o plano formulado nas *trevas* para matar Davi numa cena de sangue, providencia a suspensão do diálogo e a indução ao sono do desditoso infelicitador:

*(...) aproximou o doutrinador do comunicante e, tocando-lhe o chakra coronário com forte indução magnética, ripostou, esclarecendo:*

*— Tudo quanto nos acontece hoje, resultará em futuro bom para nós mesmos. Se o nosso Davi, que nos ouve, preferir retornar ao Mundo espiritual assistido pelo caro irmão e seus sequazes, aprenderá inesquecível lição que o preparará para a Grande Luz em definitivo. A opção será dele. Quanto a nós, a decisão é prosseguir amando o companheiro desatento e você, a quem convidamos ao sono, ao repouso...*

*"Durma, durma..."*

*À medida que o induzia com palavras, aplicava-lhe energias entorpecedoras, que ele assimilou, apesar de reacionário, adormecendo logo após, algo agitado.*

Nem sempre a indução anestésica para o sono se dá porque o Espírito está exausto ou refletindo sinais de alguma transformação íntima. Ela ocorre, às vezes, exatamente porque o mesmo está agitado e inflexível, como medida preparatória para outras terapias, outros momentos mais favoráveis a seu despertamento espiritual.

Nesse atendimento, o doutrinador está praticamente mediunizado pelo Doutor Carneiro, que toca o chakra coronário do comunicante, a fim de canalizar melhor a energia que vai reforçar a sua sugestão.

Há importante lição nesse exemplo: a substituição de um guia por Espírito mistificador, que se apropria do médium e de sua tarefa, num processo misto de fascinação e subjugação demoradas, com duplo objetivo: conduzir o médium pelos caminhos perigosos da simonia, fazendo-o perder a reencarnação e desmoralizar a mediunidade.

O Espírito Pascal, na mensagem XIII do Capítulo XXXI de *O Livro dos Médiuns*, propõe: "Que, dentre vós, o médium que não se sinta com forças para perseverar no ensino espírita, se abstenha; porquanto, não fazendo proveitosa a luz que o ilumina, será menos escusável do que outro qualquer e terá que expiar a sua cegueira".

Mas, da mesma forma que existe, na mediunidade, essa rampa-ladeira-abaixo para o abismo, existe o caminho ascensional para os campos formosos da paz. Podemos exemplificar com o amigo Divaldo Franco. No início de sua trajetória mediúnica, comandava-lhe o processo medianímico Manoel da Silva, Espírito bondoso e nobre que lhe direcionou os primeiros esforços no sentido de educar-lhe as forças nervosas e apurar-lhe a sensibilidade para os registros. Em dado momento, Manoel da Silva avisa-o de que cederia o comando da tarefa para outro Espírito, que se lhe apresenta com o pseudônimo de "Um Espírito Amigo", esse mesmo ser que, mais tarde, a ele se desvelaria como Joanna de Ângelis, o "anjo bom de sua vida", que conduziria sua mediunidade por novos caminhos, ásperos, porém fascinantes, desafiadores, porém de horizontes largos, de entrega total ao serviço de Jesus.

12º EXEMPLO: *Tormentos da Obsessão*, 5. ed., LEAL, Capítulo *"Terapia Especial"*, p. 162:

A ocorrência dá-se, como todas as outras do livro *Tormentos da Obsessão*, no Sanatório Esperança, fundado, no Mundo espiritual, pelo Espírito Eurípedes Barsanulfo, para atender pessoas malsucedidas em suas tarefas terrenas, entre as quais médiuns espíritas. Eurípedes está com Ignácio Ferreira, o acatado médico de Uberaba, atendendo um dos pacientes internados naquele hospital, exatamente o que fora resgatado das regiões infernais pela caravana da Rainha Isabel de Portugal – Ambrósio –, mas que ainda não se desligara dos vínculos mentais com os inimigos que o mantiveram aprisionado naquelas regiões. Eurípedes providenciou para que um deles viesse à comunicação mediúnica, através de Espírito-médium de sua equipe. O diálogo, difícil, aproximava-se do fim quando:

> *A um sinal discreto, Dr. Ignácio levantou-se
> e começou a aplicar passes dispersivos no chakra coronário da médium em transe, para logo distribuir
> vigorosas energias na mesma região, que facultavam
> ao agressor a perda do controle da situação.*
> *Ato contínuo, o orientador prosseguiu:*

*— Não pretendemos mudar-lhe a maneira de pensar (...).*

*Fez uma breve pausa, e notamos que o verdugo passava por rápida alteração com sinais de entorpecimento mental.*

*— Nosso desejo, no momento, é diluir os laços psíquicos que o atam ao nosso irmão, rompendo as vinculações doentias que têm vicejado até então entre ambos.*

❖

*Quando silenciou, o agressor, adormecido, foi deslocado do perispírito da médium e acomodado em maca próxima que o aguardava.*

O objetivo daquela providência seria, no dizer do próprio Eurípedes, tentar deslocar algumas das mentes que prosseguiam vergastando Ambrósio. Para isso, atraiu seus emissores de pensamentos destrutivos a conveniente e breve diálogo, para, em ocasião própria, torná-lo mais prolongado. A terapia especializada fora programada para liberar o enfermo, em tratamento no Sanatório Esperança, das camadas concêntricas de culpa e de amargura, antes de seu despertamento.

Interessante notar que o passe aplicado na médium fez com que o Espírito perdesse o controle de si mesmo, sendo conduzido ao sono, não brusca, mas lentamente, a fim de que ouvisse, já num estado alterado de consciência, suas últimas recomendações.

O passe foi direcionado ao coronário em operações distintas: primeiro, dispersar, e, depois, distribuir energias.

## Comentário de Fechamento deste Subgrupo:

Na maioria dos atendimentos informou-se a natureza anestesiante das energias, o que fortalece uma premissa: os passes aplicados em todos os casos foram equivalentes, com pequenas variações, e objetivando beneficiar, sobretudo, o coronário.

Podemos afirmar que, na maioria dos tratamentos desobsessivos a que são submetidos os Espíritos que fazem sofrer (porque sofrem também), haverá, em algum momento, em algum dos atendimentos que se lhes dispense, a necessidade de conduzi-los ao sono.

Constituindo-se o sono um dos instintos básicos do ser humano-espiritual, está na raiz de suas necessidades e, portanto, a indução a esse estado é, de certa forma, facilmente assimilável pelos Comunicantes.

O fundamento dessa terapia encontra-se no conhecimento das técnicas sugestivas, que são apelos direcionados ao inconsciente, não à razão consciente. O passe, nesses casos, é recurso auxiliar extremamente útil.

## SUBGRUPO 1.4 – PARA INDUZIR ESPÍRITOS À REGRESSÃO DE MEMÓRIA.

**13º EXEMPLO:** *Nos Bastidores da Obsessão*, 5. ed., LEAL, Capítulo 3, p. 77:

O mentor Saturnino prossegue com as terapias em favor dos envolvidos no caso Mariana, na madrugada seguinte à reunião mediúnica da União Espírita Bahiana. A protegida de Petitinga até aquele momento não houvera mergulhado plenamente nos arquivos mentais de seu passado e está sendo preparada para isso:

> *Saturnino solicitou a Ambrósio que aplicasse recursos magnéticos nos centros coronário e cerebral de Mariana, de modo a despertar-lhe o passado adormecido nas telas da memória.*
>
> *Ativados os chakras, através dos passes habilmente aplicados, a paciente, desdobrada parcialmente pelo sono físico, pareceu sofrer um delíquio, para logo modificar a expressão, semelhante a alguém que acorda após demorado sono, no qual pesadelos cruéis houvessem tomado corpo destruidor... Do mal-estar momentâneo passou a um aspecto de desvario, através do qual as palavras fluíam ora no idioma de Mariana, ora na língua de Aldegundes...*

A regressão de memória, neste exemplo, é da vítima, desdobrada, e não do Espírito que a persegue. A região estimulada pelos passes corresponde aos centros de força coronário e cerebral. A paciente regrediu tão profundamente que penetrou no domínio do próprio idioma falado por ela em sua encarnação anterior.

Os Espíritos superiores, quando levam pacientes encarnados desdobrados pelo sono à regressão de memória espiritual – e há muitos casos dessa natureza citados por eles – têm sempre o cuidado de bloquear as lembranças evocadas, ao concluírem a terapia e antes de trazê-los de volta à consciência corporal. Isto é compreensível, pois a irrupção das lembranças do inconsciente para o consciente traria sérios inconvenientes à vida de relação do encarnado.

Inferimos daí que a terapia de regressão de memória em encarnados, no plano físico, não é terapia espírita.

14º Exemplo: *Tramas do Destino*, 1. ed., FEB, Capítulo 20, p. 189:

Em reunião desobsessiva realizada no plano físico, o Diretor da equipe encarnada esclarece Entidade espiritual agressiva e agitada, que se comunica por psicofonia. Após demorado diálogo, as providências terapêuticas repentinamente tomam novo rumo: Entidade espiritual que assistia o comunicante, certamente com a aquiescência do mentor espiritual da reunião, leva-o à regressão de memória, agindo na esfera extrafísica, sem a participação do doutrinador encarnado:

*O Diretor falava sustentado por Natércio (Espírito), que ministrava socorros providenciais ao comunicante, assistido por lúcida e bela Entidade feminil.*

*A personagem tocou a fronte do manifestante,
que nada percebeu. Penetrado por energias vigoro-
sas, explicou:*
        *— Recordo-me... Volvem-me ao pensamen-
to, à lembrança, as cenas e os lances que culmina-
ram com a minha desgraça. (...)*

Ocorrências desse tipo – ação direta dos Espíritos sem
a participação volitiva do doutrinador encarnado – não são
tão raras quanto se poderia pensar. Quando isso acontecer,
o doutrinador deverá simplesmente acompanhar a narração do Espírito comunicante sem interrompê-la, e, quando
percebê-la concluída, dizer palavras breves, de conforto, en-
cerrando o atendimento.

É possível, também, que o Espírito comunicante, durante ou após a rememoração de seu passado, escute orientações diretamente dos Espíritos. Nesses casos, o Doutrinador deve calar-se, funcionando como mero espectador, até
para concluir sua fala adequadamente.

Observem a técnica usada pelo mentor espiritual –
toque na fronte, no centro coronário, portanto. O toque
simples, acompanhado de forte manifestação de vontade
pode ser o suficiente para a ação dos Espíritos, nesse sentido.

E dizemos "para a ação dos Espíritos", porque, no caso
de médiuns encarnados, em transe, nas reuniões mediúnicas, não se deve tocá-los. Nesse estado, estão com a sensibilidade aumentada por causa da exteriorização do perispírito
e qualquer contato físico direto pode causar-lhes choque
nervoso, bastante desagradável, e mesmo a interrupção do
transe (quando não se quer esse fato), com sequelas do tipo
dores de cabeça, irritação, etc.

15º EXEMPLO: *Tormentos da Obsessão*, 5. ed., LEAL, Capítulo *Alucinações Espirituais*, p. 239:

Paciente do Sanatório Esperança, portador de grave perturbação oriunda da agressão de *formas-pensamento* por ele mesmo criadas na encarnação anterior. Pesava ainda sobre ele influência, a distância, de Ser espiritual que se dizia Mefistófeles. A necessidade de socorrer ambos, perseguidor e interno, levou Eurípedes a atendimento mediúnico especial, no qual a médium seria D. Maria Modesto Cravo, e o doutrinador, ele próprio, além da presença do Dr. Ignácio Ferreira, como colaborador e passista.

Concluída, no atendimento, a terapia da palavra, ele adverte o visitante espiritual de que o conduziria ao passado, a viagem ao tempo-ontem (expressão usada por Philomeno), quando se lhe instalou a ideia absurda de ser Mefistófeles:

> *Ato contínuo, Dr. Ignácio acercou-se da médium e começou a aplicar-lhe energias dissolventes no centro cerebral, a fim de que a memória do Espírito se desenovelasse das induções mentais a que fora submetido. Ao mesmo tempo, pôs-se a induzi-lo ao sono profundo (...) Sem muita relutância o visitante adormeceu e, estimulado a recuar ao passado, no século XIX, logo começou a caracterizar-se como um ator em pleno palco, representando a figura dramática da tragédia de Fausto.*

❖

> *Nesse momento, Dr. Ignácio, que prosseguia aplicando energias restauradoras do equilíbrio, deslindou o comunicante dos laços que o vinculavam ao*

*perispírito da médium e o colocou em uma cama de campanha que se encontrava atrás do semicírculo, para posterior transferência para a enfermaria adequada (...)*

Esse interessante caso merece ser lido no original. O Comunicante, de tanto representar no palco a personagem, fascinou-se e, manipulado por outro Espírito de mente mais vigorosa que a sua, construiu, por ideoplastia, a ideia de ser o mito lendário de Mefistófeles.

A técnica utilizada: passes diretamente no centro cerebral, concomitantemente às induções, seguidos por doação revigorante no final da regressão.

16º Exemplo: *Sexo e Obsessão*, 1. ed., LEAL, Capítulo 16, p. 206:

Reunião especial na Esfera espiritual de um Centro Espírita onde se reuniu uma plêiade de Espíritos Superiores, para providências desobsessivas programadas com o intuito de libertar algumas vítimas do Marquês de Sade e ele próprio, Espírito refratário ao arrependimento, envolvido em graves desvios sexuais.

A narrativa refere-se especificamente às operações de regressão de memória do jovem sacerdote Mauro que, encarnado na Terra, ali comparece em estado de sono e será conduzido ao passado na França Napoleônica, quando vivera na personalidade feminina da cafetina Madame X:

*A um sinal quase imperceptível do irmão Anacleto, Dilermando, que se encontrava vigilante, aproximou-se de Mauro e começou a aplicar-lhe passes dispersivos, a princípio sobre os chakras coronário e cerebral, como se estivesse dissolvendo energias condensadas naquelas áreas, para logo prolongar os movimentos na direção longitudinal do corpo adormecido. Lentamente o perispírito do sacerdote assumiu a forma feminina e Madame despertou recuperando a lucidez com relativa facilidade.*

Os detalhes da técnica de passes utilizada são muito claros neste exemplo: os dispersivos, para remoção de fluidos e desbloqueio da memória espiritual, e os longitudinais ao longo do corpo perispiritual para reanimá-lo.

O paciente é encarnado, necessitando, portanto, que lhe seja estimulada a memória profunda, arquivada em seu inconsciente, a fim de torná-lo participante da própria recuperação espiritual.

COMENTÁRIO DE FECHAMENTO DESTE SUBGRUPO:

Todas as regressões de memória deste subgrupo ocorrem na Esfera espiritual. Lá, essas providências são mais comuns por exigirem maior apuro, bem cuidada preparação e porque realizadas por Espíritos Superiores, detentores de conhecimento de causa, para desenvolvê-las com segurança.

Questão sempre cogitada: podem ou não, doutrinadores encarnados empregar essas terapias com os Espíritos que atendem nas reuniões mediúnicas? A resposta é sim, com ressalva: desde que assessorados pelos mentores. Mas, assessorados de tal modo que sejam efetivamente eles que planejem as ações e passem-nas, via intuição, para os parceiros no plano físico; para isso, são necessários grupos afinados, capazes de produzir padrão vibratório elevado e dirigidos por pessoas experientes.

A respeito da técnica, podemos tomar o chakra cerebral como a região das lembranças; é para onde devem ser direcionadas preferencialmente as energias. Como o coronário está muito próximo dele, poderá ser envolvido durante o passe. Na maioria dos casos é preciso dispersar e, algumas vezes, conforme o estado do paciente, reequilibrar outras áreas do corpo perispiritual, através de movimentos longitudinais.

Divaldo Franco, em entrevista que concedeu à equipe do Projeto Manoel Philomeno de Miranda, no livro *Terapia pelos Passes*, 4. ed., LEAL, página 117, sugere procedimento de valor equivalente para tais necessidades:

> *Nesses casos, ao mesmo tempo em que se procede à indução hipnótica, retiram-se os fluidos negativos que envolvem o perispírito do comunicante, mediante movimentos longitudinais e, de imediato, rotativos, no* chakra[1] *cerebral, a fim de facilitar as recordações dos momentos geradores da aflição que ora se expressa em forma de sofrimento, revolta, perseguição impiedosa... Os resultados são muito positivos, porque identificadas as causas dos sofrimentos e realizada a conveniente psicoterapia, sucedem o despertar da consciência e o natural desejo de reparação naquele que descobre estar sem razão.*

---

[1] *Chakra* é palavra sânscrita que significa roda (nota do autor espiritual).

SUBGRUPO 1.5 – PARA DESFAZER IDEOPLASTIAS APLICADAS, POR HIPNOSE, A ESPÍRITOS EM ATENDIMENTO.

17º EXEMPLO: *Nas Fronteiras da Loucura*, 1. ed. LEAL, Capítulo 27, p. 203:

Estamos em reunião mediúnica no Plano espiritual, sucedendo a outra, realizada no plano físico. Participam das terapias programadas os membros mais adestrados da equipe mediúnica e os principais beneficiários da reunião: Julinda, esposo e mãe. Todos encarnados, para ali conduzidos em desdobramento, já foram despertados e colocados em condições de assistir aos procedimentos terapêuticos previstos.

Ricardo, o cobrador de Julinda, fazendo-se de vítima, é atendido pelo Espírito Bezerra de Menezes. Porque insistisse com essa descabida alegação, o mentor diz-lhe, com austeridade: – É o que iremos examinar... –, e autoriza a entrada no recinto de Espírito também vinculado ao passado dos implicados no caso.

O estado daquela Entidade era desesperador. De forma simiesca, adormecido, arfava, estorcegando. Colocado ao lado do médium, o sofredor se lhe acoplou, produzindo fenômeno de transfiguração atormentada, não conseguindo falar, apenas se agitando como animal.

Ricardo, ao vê-lo, estampou, na face lívida, a imagem do terror e, misturando medo com arrogância, ensaia fuga, que não consegue concretizar.

O Comunicante, atingido pela voz ou pela vibração do desafeto, ergueu o sensitivo, passeou o olhar, furibundo,

51

até encontrá-lo, passando a saltar e a mover-se num sofrimento indescritível.

Bezerra dá início às operações regressivas, atuando primeiro sobre Ricardo. E porque o outro contendor, incorporado em Jonas, se desarmonizasse excessivamente, os auxiliares do mentor movimentam-se, prestos, aplicando-lhe passes:

> *Dois outros amigos e o irmão Genésio (Espíritos) assistiam, com técnicas especiais de recursos magnéticos que manipulavam com habilidade, o irmão zoantropiado que, a pouco e pouco, devolveu o médium à cadeira, com expressão inteligente nos olhos fulgurantes.*

Esta citação é preparatória para a seguinte, em que se vai descrever a técnica de desmontagem de ideoplastias.

18º EXEMPLO: *Nas Fronteiras da Loucura*, 1. ed., LEAL, Capítulo 28, p. 214 e 215:

Como a tarefa não estivesse concluída, as medidas terapêuticas foram dirigidas ao Espírito de aspecto simiesco incorporado no médium Jonas:

> *A um sinal sutil do mentor, o irmão Genésio Duarte passou a aplicar recursos fluídicos de desmagnetização nos centros coronário e cerebral de Manuel Alfredo, incorporado em Jonas.*

❖

*À medida que eram dispersadas as energias perniciosas que se encontravam fixadas no centro cerebral do sofredor, víamos deslindar-se um fio negro de substância pegajosa que emanava odor desagradável. Simultaneamente, exteriorizavam-se do centro coronário ondas vibratórias sucessivas, que se diluíam, à medida que abandonavam o fulcro emissor.*

*O técnico em passes permanecia inatingido pelas irradiações negativas, porque, em profunda concentração, produzia, por sua vez, correntes de uma energia que o envolvia, em suave tonalidade prata-violácea.*

*A Entidade atormentada gemia pungentemente, como se estivesse sob uma cirurgia psíquica um pouco dolorosa.*

*— As forças deletérias absorvidas — explicou, à meia-voz, Doutor Bezerra a Philomeno — impregnaram-lhe os centros perispirituais tão profundamente, que se condensaram, impondo-lhe a compleição simiesca, na sucessão do tempo. As ideias pessimistas e deprimentes, gerando nele mesmo a forma-pensamento que lhe era imposta pela hipnose de outros companheiros empedernidos no mal e impenitentes, atuaram no "corpo de plasma biológico" encarregando-se de submetê-lo à situação em que se encontra.*

*Atuando-se em sentido oposto (como agia o passista), através de movimentos contrários, rítmicos, circulares, da direita para a esquerda, sob comando mental bem dirigido, podem-se extrair as fixações que se condensam, liberando o paciente da poderosa constrição que o submete.*

E conclui Philomeno:

*Estávamos diante de uma recuperação. A cirurgia psíquica era feita, naquele caso, no perispírito alterado, servindo de molde refazente o psicossoma do médium encarnado, em transe, por desdobramento parcial do corpo.*

Interessante fixar não apenas a técnica do passe, direcionado para o coronário e o cerebral, desmagnetizando, mas, também, a utilização do médium como verdadeiro molde para reconstituir o perispírito do indigitado sofredor, restabelecendo sua forma humana.

Abençoada mediunidade! Instrumento de comprovação da imortalidade, é o mais precioso recurso terapêutico a serviço da caridade, na Terra, ensejando libertação aos padecentes, vítimas de si mesmos. No dizer de João Cléofas, através da mediunidade de Divaldo Franco, ela é *porta de esperança no labirinto das aflições*. Propõe ele, no Capítulo 42 da obra *Intercâmbio Mediúnico*:

*Imaginemos um dédalo de proporções gigantescas onde não tremeluz a esperança nem o caminho leva ao mundo exterior (...) e onde, repentinamente, se abrisse um corredor de segurança para evasão, apontando um lugar de paz, convidativo, à frente.*

*É possível imaginar-se o significado da bênção, o estrugir de felicidade e anseio de fuga naqueles que se consideravam perdidos...*

*A mediunidade com Jesus é, desse modo, uma porta de esperança no labirinto das aflições, convidando o desencarnado para que se evada da situação em que sofre, e possa repousar um pouco, além das memórias constritoras e amargas.*

*Para que essa porta, todavia, se transforme em veículo de segurança e libertação é necessário que o médium, investido do mandato, cresça, interiormente, (...).*

19º EXEMPLO: Obra *Trilhas da Libertação*, 1. ed., FEB, Capítulo *A Luta Prossegue*, p. 300:

Ficara acertada, para a madrugada, a continuação da reunião anterior (ver o 6º exemplo), para atendimento ao Khan:

Fernando procedeu ao despertamento do chefe siberiano e o aproximou de D. Armênia, perispírito a perispírito, até que houvesse quase justaposição. Despertado, começa a vociferar e a doutrinação se desenrola.

Carneiro de Campos, ao ouvir declarações bombásticas do Khan de que era ministro de um império, intercepta-lhe a frase:

— *"Império sinistro que se desdobra nos sítios sórdidos do planeta. Como pode submeter-se a uma existência primária, asselvajada, na qual predomina o terror e as sevícias incessantes são estímulos à permanência no escuro paul? Já não se encontrará saturado da bajulação dos fracos e das ameaças de cima, dos equivocadamente fortes?"*

—*"Você está enganado. Eu sou a força e a ninguém temo."*

– "*Não é verdade. Submetido pela violência, rasteja para agradar a Timur Lang, seu superior e soberano.*"

– "*Não pronuncie esse venerando nome aqui (...). Aqui não há clima para ser proferido o seu nome santo.*"

– "*Que horror! Como você o teme... e o detesta! A humilhação que ele lhe impôs, na Terra, derrotando-o na guerra cruenta, não foi ainda superada no seu sentimento*" (...) *Ele anulou-lhe a faculdade de pensar, a fim de dominá-lo, o que vem conseguindo com facilidade.*"

– "*A mim ninguém domina. Eu sou o Diabo. Veja!*"

Querendo demonstrar autonomia e importância, o Khan imprime a força do ódio a si mesmo, criando, por ideoplastia, a figura satânica com que revestiu seu perispírito.

Sereno, Carneiro de Campos enfrenta-o:

– "*Você não me assusta! Conheço essa triste fantasia na qual você se oculta. O Diabo é uma figura concebida pelas mentes passadas, ignorantes e temerárias.*"(...)

*Aproximando-se da médium em transe, o Doutor Carneiro começou a aplicar passes longitudinais, depois circulares, no sentido oposto ao movimento dos ponteiros do relógio, alcançando o chakra cerebral da Entidade, que teimava na fixação. Sem pressa e ritmadamente o benfeitor prosseguia com os movimentos corretos, enquanto dizia:*

– *Tuqtamich, você é gente... Tuqtamich, você é gente...*

*A voz tornou-se monocórdia, contínua, en-
quanto os movimentos prosseguiam. Suas mãos des-
pendiam anéis luminosos que passaram a envolver
o Espírito. A pouco e pouco, romperam-se as cons-
truções que o ocultavam, caindo como destroços que
se houvessem arrebentado de dentro para fora. O
manto rubro pareceu incendiar-se e a cauda tombou
inerme. Os demais adereços da composição, igualmente, despedaçaram-se e caíram no chão.*

Operação semelhante à do exemplo anterior. Enquanto naquele se afirmava "da direita para a esquerda", neste
se diz "no sentido oposto ao movimento dos ponteiros do
relógio", o que é a mesma coisa. Usando-se de imagem simples, desmagnetizar é como torcer a porca de um parafuso
no sentido contrário ao da rosca, afrouxando-a.

Preferimos reproduzir com fidelidade o diálogo, a fim
de analisar melhor o comportamento do terapeuta. Pode
parecer estranha a posição desafiadora que assumiu; todavia aquela postura não era expressão de arrogância, o que é
incompatível com os bons Espíritos, mas instigação delibe-
rada, a fim de fazer com que o Espírito repetisse o disfarce
ideoplástico, que estava acostumado a plasmar para im-
pressionar suas vítimas, ensejando a Carneiro de Campos
desmontá-lo definitivamente.

Existem Espíritos de arrependimento tardio, e o
Khan certamente era um deles. Mas, não existem os que
nunca se arrependerão. Glorioso momento da mediunidade
vitoriosa, trazia para o antigo senhor de impérios os primeiros raios de sol do novo dia. Soava a hora das primeiras
clarinadas despertadoras da consciência longamente adormecida.

*Projeto Manoel Philomeno de Miranda*

Aquele era, também, o momento culminante da missão confiada a Carneiro de Campos, cujo objetivo, no dizer de Philomeno, "era a libertação do chefe siberiano com o fito de abalar a estrutura do império dirigido pelo Soberano Gênio das Trevas".

## COMENTÁRIO DE FECHAMENTO DESTE SUBGRUPO:

Na descrição da técnica utilizada por auxiliares do Espírito Bezerra de Menezes (17º exemplo), há operação especial (não descrita), acalmando e controlando o Espírito, antes da desestruturação da ideoplastia (18º exemplo), enquanto na técnica de Carneiro de Campos (19º exemplo) esta é precedida de passes longitudinais. Este último procedimento deverá ser o preferido pelos terapeutas espirituais encarnados.

Uma questão que este item suscita é a seguinte: pode um doutrinador, agindo no plano físico, em se deparando com necessidade dessa ordem, sentir-se em condições de realizar atendimentos tão complexos quanto os descritos?

Em tese, sim, mas essa é avaliação que cabe a cada um realizar. Precisamos convir, todavia, que é muito raro dispormos de condições favoráveis para este fim. Tudo depende de inspiração e de merecimento com relação à confiança que os bons Espíritos depositem não apenas em quem aplica a terapia, mas no médium e em todo o grupo que lhe dá apoio.

Certamente que os bons Espíritos preferem, para essas mais complexas operações, agir na esfera do Espírito, com a colaboração dos mais adestrados do Grupo mediúnico, quando libertos pelo sono.

58

SUBGRUPO 1.6 – OUTROS CASOS.

20º EXEMPLO: *Trilhas da Libertação*, 1. ed., FEB, Capítulo *O Enfrentamento*, p. 290:

Era chegado o fim da reunião:

> *O irmão Vicente, jubiloso, inspirou o Sr. Almiro a encerrar a atividade mediante aplicação de passes nos médiuns que foram objeto das comunicações penosas, o que foi realizado (...).*

Este é procedimento que se deve constituir em norma regimental. É sempre bom, na fase final da reunião mediúnica, aplicar energias de recomposição nos médiuns que participaram dos atendimentos. Boa técnica é aplicá-los de forma coletiva, os doadores distribuindo-se ao longo da sala, por trás do grupo, distendendo os braços e agitando as mãos abertas como que formando um "chuveiro", a derramar fluidos sobre todos. Poderão funcionar como doadores os médiuns passistas, os doutrinadores e os assistentes-participantes. Não os médiuns ostensivos, porque se doaram, apresentam-se com perdas energéticas, às vezes, consideráveis, e carecem de recomposição fluídica.

21º EXEMPLO: *Tormentos da Obsessão*, 5. ed., LEAL, Capítulo *Prova e Fracasso*, p. 228:

Philomeno, na companhia de Ignácio Ferreira, que lhe serve na ocasião de instrutor dedicado e solícito, está em visita a um interno do Sanatório Esperança. O enfermo não é, propriamente falando, portador de obsessão, mas está acometido de transtorno mental provocado por rebeldia e insensatez, sob o efeito das quais veio a desencarnar, em condições lamentáveis.

Ignácio, respondendo a Philomeno, informou o programa terapêutico que estava sendo administrado ao paciente:

> — *Três vezes por dia são-lhe aplicados recursos magnéticos para reajustamento dos neurônios perispirituais desagregados pelas ondas da rebeldia que lhe assinalou a existência física (...). Duas vezes por semana são aplicadas técnicas hipnóticas, levando-o a processos regressivos (...).*
>
> *Concomitantemente, são realizadas leituras edificantes que se lhe vão imprimindo na mente e estabelecendo novos raciocínios propiciadores de paz e de esperança.*

Programa muito simples. Fora as sessões de regressão de memória, que não são procedimentos espíritas para tratamento de encarnados, como já dissemos, tudo o mais se enquadra perfeitamente nas propostas dos serviços de Atendimento Espiritual dos Centros Espíritas:

a) Leituras edificantes e

b) Recursos magnéticos, três vezes por dia, sempre iniciados com a prece.

Por enquanto, na Terra, os Centros Espíritas não têm condições de ficar abertos todos os dias, por muito tempo. Mas, chegará esse momento, quando os espíritas forem em maior número e qualitativamente melhores, a ponto de fazerem do Núcleo – referimo-nos ao Centro Espírita como modelo de instituição ou o conjunto de todos eles – foco permanente de irradiação do pensamento do Cristo.

22º Exemplo: *Tormentos da Obsessão*, 5. ed., LEAL, Capítulo *Prova e Fracasso*, p. 230:

Trata-se de atendimento do paciente do exemplo anterior. Depois da chegada dos passistas, Philomeno se incorpora à equipe para dar sustentação oracional:

> *Proferida a prece por Alberto, solicitado pelo orientador, logo após foi lida uma página de O* Evangelho segundo o Espiritismo *e depois de breve comentário por um dos servidores, foram aplicados passes dispersivos no chakra coronário, alongando-se por todo o corpo perispiritual, prosseguindo-se com a doação de energias saudáveis. No início, o paciente estertorou, acalmando-se lentamente, até ser abençoado por um sono repousante e tranquilo.*

A técnica de passe é de padrão simples e largamente praticado nas Casas Espíritas: dispersivos, a partir do chakra coronário e alongando-se por todo o organismo perispiritual, seguidos da injeção de energias saudáveis. A preparação, mais simples ainda: leitura de *O Evangelho segundo o Espiritismo* (bom saber que esta obra é lida no Mundo espiritual e que a terapia de manutenção de muitos necessitados, lá, é como deve ser: simples).

## COMENTÁRIO DE FECHAMENTO DESTE SUBGRUPO:

Os exemplos enfeixados neste subitem fogem ao conjunto geral dos passes aplicados nas reuniões mediúnicas com as finalidades anteriormente descritas. Todavia, verificamos que eles têm a particularidade comum de ser utilizados como desdobramentos desse tipo de reunião. No primeiro caso, para restauração da equipe de encarnados do Grupo Mediúnico, ao final das reuniões, ainda no espaço onde foi desenvolvido o labor socorrista, contando com o concurso das equipes dos dois planos. No segundo caso, fora das reuniões mediúnicas, como recurso terapêutico complementar à terapia desobsessiva, aplicados a intervalos regulares preestabelecidos.

Convém aqui chamar atenção para a não banalização do passe. Trata-se, na verdade, de recurso bioenergético de múltipla aplicação, que deve estar associado a outras terapias. Na reunião mediúnica, à terapia da palavra, em forma de diálogo esclarecedor; fora dela, conjugado à terapia ímpar da oração.

# Grupo 2 – Espíritos aplicando ou inspirando a aplicação de passes fora das reuniões mediúnicas

23º Exemplo: *Nas Fronteiras da Loucura*, 1. ed., LEAL, Capítulo 5, p. 49:

O Espírito Bezerra de Menezes está em visita a Julinda, a mesma personagem do 3º e 17º exemplos. Em chegando à enfermaria, percebeu que ali não se encontravam, nem ela, em espírito, nem seu sicário.

Depois de entendimentos com o supervisor das atividades socorristas daquele nosocômio, põe-se em ação, para as providências imediatamente possíveis:

*Ele próprio aplicou recursos magnéticos na obsidiada, fazendo a dispersão dos fluidos tóxicos que a asfixiavam, mediante movimentos longitudinais, rítmicos, logo após insuflando energias restauradoras de forças.*

❖

*O corpo relaxou os músculos antes retesados e vimos, repentinamente, Julinda-Espírito ser atraída e tombar, adormecida, no casulo carnal.*

A julgar pelos efeitos, o passe aplicado em Julinda--corpo, funcionou como vigoroso ímã, atraindo Julinda-

-Espírito para seu casulo carnal, a fim de ali adormecer. Se um benefício prestado ao Espírito pode repercutir favoravelmente no corpo, um auxílio prestado a este pode beneficiar aquele, porque ambos reagem entre si.

A técnica simples, dos passes longitudinais dispersivos, foi utilizada, acompanhada da insuflação de energias vitalizadoras. Insuflação não tem aqui o sentido de "sopro", o sopro curador das tradições do Magnetismo, mas de passagem de energias, injeção de forças renovadoras.

24º EXEMPLO: *Nas Fronteiras da Loucura*, 1. ed., LEAL, Capítulo 25, p. 179:

Renovada a visita à mesma enferma, no mesmo hospital onde estava internada. O obsessor não enxergava os Espíritos socorristas, mas pressentia a presença deles:

*Doutor Bezerra convidou-nos discretamente à concentração e aplicou passes refazentes em Julinda-Espírito, repetindo a experiência no seu corpo, atendendo, especialmente, aos campos cerebral e genésico. Sob a ação benfazeja, a pobre enferma movimentou-se um pouco como a diminuir a torpe intoxicação fluídica e a das drogas ingeridas (...).*

Interessante aprendizado esse de observar o Espírito a atender Julinda, separadamente, nas suas duas expressões: espírito e corpo, beneficiando regiões orgânicas naquele momento de interesse – a cerebral, fonte dos pensamentos e do comando psíquico do ser, e a genésica, área muito explorada em processos de vampirização e onde residia o karma de Julinda pelo fato de ter abortado.

25º EXEMPLO: *Painéis da Obsessão*, 1. ed., LEAL, Capítulo 5, p. 41:

O jovem Argos, em recuperação de cirurgia para extirpação de pulmão minado pela tuberculose, é atendido por Espírito-guia. Aquela intervenção fora o início da preparação para tratamento especializado a ser feito no Plano suprafísico, quando seriam transferidas para ele energias vitais da Natureza (*maaprana*), com o auxílio de um médium em desdobramento.

*A benfeitora aplicou-lhe passes longitudinais, detendo-se mais na área do epigástrio e, em poucos segundos, ele se exteriorizava, denotando as sensações traumatizantes que o ato produzira no corpo, alcançando os tecidos sutis do Espírito pelo processo automático da ação-reação.*

Ao tempo em que beneficiava Argos, a benfeitora espiritual o deslindava do envoltório físico para as providências mais profundas que seriam tomadas, a seu benefício, do "outro lado da vida". O epigástrio é uma das âncoras de fixação mais forte que ligam o corpo à alma, daí o interesse da irmã Angélica por essa região, no seu passe.

26º EXEMPLO: *Painéis da Obsessão*, 1. ed., LEAL, Capítulo 7, p. 54:

Mercê da gentileza de Arnaldo, Espírito vinculado por responsabilidades de serviço ao hospital onde Argos fora operado, Philomeno recebe instruções enquanto ajuda o benfeitor no atendimento a alguns pacientes do hospital.

A primeira atendida é uma mulher tuberculosa e grávida, em trabalho de parto, que gemia e chorava, demonstrando profundo abatimento:

> *Acerquei-me mais e o Dr. Arnaldo, solicitando-me orar, aplicou-lhe recursos magnéticos, através de passes circulares e logo depois longitudinais.*

Os passes circulares são altamente concentradores de energia. Depois de concentrá-la, como a fazer um suprimento, o Espírito a distribui para todo o organismo desvitalizado, a fim de melhorar-lhe o tônus.

27º EXEMPLO: *Painéis da Obsessão*, 1. ed., LEAL, Capítulo 11, p. 82:

> Cena de hospital, na Terra: Philomeno faz-se acompanhar de Bernardo, que o convoca a participar de trabalho terapêutico em favor de paciente ligado ao interesse da irmã Angélica (Espírito). O enfermo, que dera entrada no nosocômio com tuberculose em estado avançado, é atendido com fármacos pelo médico encarnado, em tentativa de reanimá-lo da síncope provocada por brutal hemoptise. Nesse comenos, adentra-se a irmã, que avalia o doente e passa a coordenar ações no sentido de auxiliá-lo:

> *(...) conclamou-nos à oração silenciosa, recorrendo ao auxílio psicoterápico do dedicado Bernardo, que o acudiu com passes de dispersão fluídica, a princípio, para, logo depois, em movimentos rítmi-*

*cos, circulares, objetivando a área cardiopulmonar, revigorá-lo com energias especiais.*

Primeiro a dispersão, dadas as condições de profunda desarmonia espiritual, com reflexos altamente danosos para o inventário de forças físicas do enfermo. O suprimento, na fase seguinte, com atuação preferencial na área cardiopulmonar, minada pela doença. Nessa fase de suprimento, os passes circulares, altamente concentradores, foram os escolhidos por Bernardo, Espírito, técnico convocado para o serviço. O sentido de aplicação, neste caso, foi da esquerda para a direita, o mesmo do 16º exemplo, quando se aplicou essa técnica, com o objetivo auxiliar de favorecer regressão de memória pela estimulação do centro cerebral. Já no 18º exemplo, o mesmo tipo de passe foi utilizado, porém da direita para a esquerda, concentrando energia para desestruturar matéria mental perniciosa – a vigorosa ideoplastia construída pelo Khan Tuqtamich, a Entidade fascinada pelo poder, referida na obra *Trilhas da Libertação*.

28º EXEMPLO: *Painéis da Obsessão*, 1. ed., LEAL, Capítulo 29, p. 208:

Em Instituição espírita, um dos seus fundadores presta socorro à criança ali internada. O enfermo, órfão social abrigado na Casa, porque ali tivesse chegado com poucas resistências orgânicas, contraíra pneumonia muito grave e estava com a vida seriamente ameaçada.

O passista, médium vidente, age comandado por seu guia e por outro Espírito, que lhe aciona diretamente o recurso fluídico.

Depois do socorro, a febre cedeu e forças novas foram absorvidas pelo organismo da criança.

*A um sinal da irmã Angélica o médium Venceslau começou a aplicar passes de dispersão fluídica sob o comando psíquico de Bernardo, retirando as energias deletérias que o envenenavam, provenientes de pertinaz processo pneumônico resistente ao tratamento especializado.*

*Observamos que o sensitivo, carregado de vibrações de alto teor, desembaraçava o frágil organismo do pequeno enfermo das correntes pesadas de energia negativa, ao mesmo tempo infundindo-lhe forças novas (...).*

A técnica é a mesma: dispersão, primeiro, e transfusão de forças novas, depois.

O que nos chamou a atenção nesse atendimento foi a unção com que orou o médium Venceslau, pedindo misericórdia para o enfermo, porém entregando os resultados a Deus.

E o Pai trouxe a resposta positiva solicitada, favorecendo a recuperação do enfermo. São os milagres do amor e do devotamento. O médium, que havia entregado a sua vida a Jesus, cuidando dos infelizes, naquele momento fizera-se instrumento de Deus, atraindo fluidos curativos poderosos para aquele infante que precisava viver.

29º EXEMPLO: *Painéis da Obsessão*, 1. ed., LEAL, Capítulo 30, p. 225:

Outro atendimento a Argos, o enfermo que fora atendido com transfusão de fluidos vitais canalizados pelo médium Venceslau. Beneficiado, naquela ocasião, com moratória ou sobrevida, descuidara-se de certas obrigações morais, atraindo de volta a enfermidade pulmonar cármica. A recidiva deixou o enfermo semidesfalecido, atônito e amedrontado. Venceslau, que com ele convive na Instituição Espírita comandada pela irmã Angélica, vai atendê-lo. De pronto constata, através da vidência mediúnica, a presença de inimigo espiritual, concorrendo para o agravamento da doença, e a presença da irmã Angélica com outros Espíritos em atitude de ajuda.

*O auxílio de Bernardo, valioso, criara a predisposição para que o doente assimilasse, desta vez, outros tipos de fluido procedentes do corpo físico sadio do sensitivo.*

*Foi proferida uma oração (...) e, ato contínuo, o médium, seguramente conduzido pela irmã Angélica, deu início à operação socorrista.*

*A princípio, com movimentos rítmicos e em direção longitudinal, desembaraçou o enfermo das energias absorvidas e dos miasmas venenosos que lhe empestavam o organismo, como a desintoxicar as células, facilitando-lhes a renovação.*

*Foram mais cuidadosamente atendidos os centros coronário, cardíaco e gástrico (...). Em seguida, passou a transferir-lhe as forças restauradoras, mediante a imposição das mãos nas referidas áreas, que lentamente foram absorvendo a energia salutar e mudando de cor (...). Logo após, foi magnetizada a água, que lhe foi oferecida em pequena dose e se encerrou o labor da caridade fraternal.*

Podemos asseverar que o passe aplicado é típico, padrão, largamente empregado e que atende à maioria das situações: dispersão em movimentos longitudinais, a partir do coronário para assepsia e descongestionamento, seguida de imposições revitalizadoras nas áreas mais carentes, culminando com a fluidificação da água.

Abrimos espaço para comentar a obsessão de Argos. Ela era fruto amargo do comportamento criminoso e desleal no passado, quando em duas encarnações sucessivas assassinou covardemente o Espírito que ora o perseguia. A tuberculose constituía-se choque de retorno pela estocada aplicada no pulmão da vítima, em tocaia bem urdida, efeito bumerangue golpeando-lhe as carnes, a fim de domar-lhe a natureza rebelde. Diríamos: no local que se fere nesse será ferido, parafraseando a expressão proverbial, "quem com ferro fere, com ferro será ferido".

Explicação: O impacto emocional da cena marca indelevelmente a consciência infratora, que atrai a desarmonia vibratória para o órgão correspondente, no próprio perispírito, dando ensejo, mais tarde, à baixa resistência imunológica, e facilitando a fixação de microrganismos vorazes causadores da destruição do órgão afetado.

A obsessão se manifesta de formas variadas, atingindo a mente, a emoção e o físico. Em Argos ela se apresentou, sobretudo, na área física; aliás, não é outra a proposta do livro *"Painéis da Obsessão"*, senão estudar as consequências físicas da obsessão; em outras palavras: a transferência para a área física de atos equivocados que engendraram a obsessão.

A cirurgia para a extirpação do pulmão deteriorado do companheiro de lide fora prevista, como possibilidade, para domar-lhe a natureza rebelde e trazê-lo, pelo sofrimento, aos arraiais da fé, através da valorização do trabalho nobre. No reconhecimento de sua fragilidade, Argos se aproximaria da Doutrina Espírita, em cujas atividades receberia o apoio de amigos leais como o médium Venceslau, em Casa bem estruturada sob a supervisão da irmã Angélica, onde encontraria a bênção do estudo e do trabalho nobres, e para onde, mais tarde, seu obsessor seria atraído como criança órfã social, a fim de que Argos o acolhesse como pai, reabilitando-se.

Programação perfeita. Ocorre que Argos, curado, mercê de tantos investimentos da vida, como vimos em exemplos anteriormente citados, vincula-se à Obra, mas não corrige a natureza autoritária, nem se ajusta ao trabalho e à disciplina – normas morais da Instituição – e a doença cármica volta. É nesse momento grave que ele está sendo atendido de forma especial, recebendo nova moratória e novo apelo para que abrace o ideal e se reabilite. Quão grandes são a paciência e a misericórdia dos bons Espíritos!

30º EXEMPLO: *Painéis da Obsessão*, 1. ed., LEAL, Capítulo 29, p. 244:

Como os Espíritos superiores tivessem obtido deferimento favorável para nova moratória em favor de Argos, programaram, para daí a dois dias, a segunda aplicação de "maaprana e clorofila" (fluidos vitais da Natureza), em procedimento semelhante ao adotado anteriormente, acionando-se outra vez a mediunidade curadora de Venceslau. Nesse ínterim, um Espírito especialista recomendou a aplicação de passes a intervalos regulares:

> *Antes de despedir-se, o amigo dispensou vibrações muito salutares ao doente, que permanecia atemorizado, e recomendou a Bernardo que lhe aplicasse a terapia fluídica, sistematicamente, a cada quatro horas, de modo a auxiliá-lo, dentro das possibilidades que os seus créditos o permitissem.*

Este tipo de providência – passes regulares, algumas vezes por dia, como se fora prescrição medicamentosa – é uma das bênçãos que os encarnados recolhem da Misericórdia Divina, agindo por intermédio dos bons Espíritos.

No livro *Loucura e Obsessão*, 8. ed., FEB, capítulo 11, página 132, vemos o Espírito Bezerra de Menezes informar a Philomeno que Carlos, um dos assistidos nos labores desobsessivos da Casa onde se encontrava em missão de ajuda, deveria tomar passes quatro vezes ao dia, enquanto aguardasse outras providências em seu favor.

31º EXEMPLO: *Loucura e Obsessão*, 8. ed., FEB, Capítulo 3, p. 35:

Paciente encarnada é atendida nas consultas por irmã Emerenciana, incorporada em médium da Casa, na presença de Bezerra de Menezes e de Philomeno de Miranda. Dois Espíritos perversos dominam, quase por inteiro, o comportamento da enferma; um deles excitava-lhe o desejo, comprimindo-lhe certa região do aparelho genésico, enquanto o outro lhe transmitia vigorosos clichês mentais em que a paciente se via nos braços de homem casado que ela procurava conquistar. Irmã Emerenciana, que a ouvia em atendimento fraterno, age, beneficiando-a com passes e a incorporação imediata dos obsessores em outros médiuns ali disponíveis para essas emergências; em seguida, passa-lhe receita de banhos e beberagens, características do culto afro, cuja realização, no dizer de Philomeno, fugiu às diretrizes que ele se acostumara a aceitar por compatíveis com a razão:

*Nesse comenos, a comunicante ergueu o médium e pôs a destra sobre a cabeça da desconsolada mulher. Após descarregar-lhe energias refazedoras e interromper a compressão perturbadora que lhe impunha o vulgar perseguidor, conseguiu também, através da aplicação correta de bioenergia nos centros coronário e cerebral, diluir as ideoplastias que o outro fomentava, transmitindo um pouco de renovação à enferma que, momentaneamente livre das influências terríveis, por pouco não foi acometida por um vágado.*

Não é proposta espírita que o atendimento espiritual seja feito com médiuns em transe mediúnico, como no caso em pauta, mas inspirados, em lucidez, assumindo a responsabilidade pela orientação que oferecem. Outra peculiaridade contida nesse exemplo é o toque direto na assistida, procedimento não aconselhável nas Casas Espíritas. Como esses fatos dão-se numa Casa dedicada ao culto afro-brasileiro, não nos cabe nenhuma censura ou crítica, até porque o valor das ações praticadas está muito mais na caridade de quem as pratica do que nos preceitos e normas que as regulamentam.

Aliás, conforme se lê no livro em apreço, página 15, o Espírito Bezerra de Menezes encontrou nesse núcleo do sincretismo religioso a presença do amor de Deus e a abnegação da caridade cristã, conforme os ensinamentos de Jesus.

32º EXEMPLO: *Trilhas da Libertação*, 1. ed., FEB, Capítulo *Alcoolismo e Obsessão*, p. 176:

O atendimento fora dado a D. Armênia, dedicada médium por quem se comunicava o mentor da reunião. Tratava-se de uma emergência: ocorrência grave na vida familiar da médium, seriamente ameaçada pela agressão de Espíritos inimigos do Bem. Esses Espíritos, aproveitando--se da fragilidade moral do marido, viciado em alcoólicos, induziram-no à agressão física contra D. Armênia, culminando no ferimento, à faca, do filho, que, em defendendo a mãe, havia sido atingido pelo pai enlouquecido e fora de si.

*O Doutor Carneiro acercou-se da esposa quase hebetada e aplicou-lhe energias dispersivas no centro cerebral, liberando-a da constrição psíquica que quase a bloqueava. Depois vitalizou-a nos centros coronário e cardíaco, reequilibrando-lhe a circulação e o ritmo respiratório, arrancando-a do amolecimento que a acometera (...).*

O socorro dos bons Espíritos está sempre presente. Sem ele, a vida na Terra jamais poderia ser conduzida por muito tempo. Carneiro de Campos age da forma convencional, primeiro dispersando energias no centro cerebral e depois vitalizando os centros de força mais atingidos pelo choque: – o coronário e o cardíaco.

Lutas da mediunidade! D. Armênia era a médium mais segura daquela Instituição, para onde Carneiro de Campos fora enviado, em missão, a fim de desbaratar a falange de Espíritos ignorantes, em luta com os ideais do Cristo, na Terra. Foi ela a pessoa escolhida pelos Espíritos para os transes mediúnicos mais difíceis, como na desmobilização do Khan Tuqtamich (ver o 19º exemplo). Nem por isso estava liberada de suas provas, na mediunidade ou na difícil vida familiar, porque delas precisava para seu crescimento espiritual.

33º EXEMPLO: *Sexo e Obsessão*, 1. ed., LEAL, Capítulo 5, p. 62:

Um sacerdote comete atentado ao pudor contra uma criança, explorando-lhe a inocência de forma criminosa. Trata-se de Mauro, a quem já nos referimos anteriormente. Descoberto pela diretora do Colégio onde atuava, além de reprovado por sua consciência, planeja o suicídio sob indução de seu inimigo espiritual. Nessa condição mental perigosa é socorrido com passes pelo Espírito Anacleto:

*O irmão Anacleto acercou-se do infeliz e começou a aplicar-lhe a bioenergia no chakra coronário, desligando o obsessor (...) ao tempo em que diminuía a capacidade de raciocínio e alucinação do atormentado jovem. Prosseguiu na ação fluídica, agora lhe distendendo energias relaxantes, que lhe diminuíssem a rigidez nervosa, a fim de o adormecer, retirando-o do casulo físico (...).*

O coronário é o centro da lucidez, por isso foi o alvo da ação. Importava que fosse quebrada a ideia fixa, o que foi conseguido, e provocado o sono, a fim de colocar o jovem padre sob a guarda dos bons Espíritos, fora das vibrações perturbadoras das faixas inferiores do mundo físico.

34º EXEMPLO: *Os Mensageiros*, 22. ed., FEB, Capítulo 44, p. 230 e 231:

André Luiz inicia seu "curso de serviço", sob a supervisão de Aniceto. Deixara *Nosso Lar*, rumo à Crosta, passando pelo Posto de Socorro de Campo da Paz, onde se beneficiara com valioso aprendizado. Já no ambiente terreno, estaciona numa das oficinas de Nosso Lar: casa singela, de bairro modesto do Rio de Janeiro, onde se dará sua estreia nos labores do passe.

São 18 horas e alguns minutos. Começam a chegar à residência humilde de D. Isabel Espíritos sofredores – não os perversos, pois a casa não estava estruturada para atendê-los –, arrebanhados da redondeza para os labores socorristas da noite.

Entendeu-se Aniceto com Isidoro, esposo desencarnado da dona da casa, ali com funções de coordenação, e falou:

– Mãos à obra! Distribuamos alguns passes de reconforto!

Surpreso, objetou André: – Estarei preparado para trabalho dessa natureza?

Ao ser estimulado com a frase do instrutor – Por que não? –, lembrou-se de Narcisa, a boa enfermeira que lhe iniciara no serviço das câmaras de retificação de Nosso Lar e movimentou-se no trabalho que lhe foi confiado. A primeira das Entidades indicadas para seu atendimento ainda conservava os sinais do tracoma e se encontrava cega, em espírito. Acompanhemos a narrativa de André Luiz:

> *(...) E, à medida que me dispunha a observar a prática do amor fraternal, uma claridade diferente começou a iluminar e a aquecer-me a fronte.*
>
> *Lembrando a influência divina de Jesus, iniciei o passe de alívio sobre os olhos da pobre mulher, reparando que enorme placa de sombra lhe pesava na fronte. Pronunciando palavras de animação, às quais ligava a melhor essência de minhas intenções, concentrei minhas possibilidades magnéticas de auxílio nessa zona perturbada. Dentro de alguns instantes, a desencarnada desferiu um grito de espanto.*
>
> *– Vejo! Vejo! – exclamou entre o assombro e a alegria – Grande Deus! Grande Deus!*

Toda tarefa nova, quando ainda não se tem experiência, é preocupante. No âmbito das responsabilidades espirituais ainda mais, porque a maioria está olhando para trás: para os erros, as vacilações, o produto amargo das paixões que ainda estão sendo retificadas. Há complexo de culpa disfarçado, que limita as possibilidades radiantes e a força da vontade de cada um. Quantos, na Terra, estão sem essa coragem de começar?! Nas tarefas espíritas, muitos deles se mantêm apegados ao velho argumento – Quem sou eu?! – e deixam de pôr a mão no arado. Contudo, é preciso começar, é fascinante descobrir o prazer do serviço.

Porém, há também lições corretivas a tirar do êxito. E uma delas Aniceto passou imediatamente a André, que, embevecido, se demorava na contemplação do resultado feliz: – André, a excessiva contemplação dos resultados pode prejudicar o trabalhador. Saindo do transe de autoadmiração, o discípulo de Aniceto foi atender outros enfermos de sua cota de trabalho, colhendo na sua cesta de resultados apenas melhora discreta num deles.

Mesmo reconhecendo que, em última análise, a cura pertence a Deus, podemos afirmar que ela depende de três fatores: o poder fluídico de quem doa; o merecimento de quem recebe (conforme o karma) e a eficácia do meio. Atribuir pesos a cada um desses fatores pertence à matemática divina.

35º EXEMPLO: *Ação e Reação*, 9. ed., FEB, Capítulo 10, p. 133 e 134:

O instrutor Silas, acompanhado por André e Hilário, visita hospital terreno para cumprir responsabilidades de que se investira. Na chegada, por outro Espírito avisado, toma conhecimento de que Laudemira, uma de suas assistidas, ali internada para trabalhos de parto, está ameaçada de sofrer cesariana porque envolta por fluidos anestesiantes contra ela desfechados por seus perseguidores espirituais, durante o sono, conserva apatia prejudicial ao nascituro.

Avaliando a situação, Silas conclui que operação dessa espécie acarretar-lhe-á grandes prejuízos para o futuro, pois, consoante o programa organizado em favor dela, cabia-lhe receber ainda mais três filhos no templo do lar. (...)

Sem tempo a perder, passa à ação magnética em favor de sua pupila, como tentativa para reverter a situação indesejada e favorecer parto natural:

*Determinando permanecêssemos ambos em oração, com a destra colada ao cérebro da doente, começou a fazer operações magnéticas excitantes sobre o colo do útero.*
*Substância leitosa, qual neblina leve, irradiava-se-lhe das mãos, espalhando-se sobre todos os escaninhos do aparelho genital.*
*Decorridos alguns minutos de pesada expectativa, surgiram contrações que, pouco a pouco, se acentuaram intensamente.*
*Silas, atencioso, controlou a evolução do parto, até que o médico ingressou no recinto.*

Ação conjunta, com André e Hilário sustentando a área mental da enferma, através da imposição de mãos sobre o cérebro, e Silas agindo diretamente na área comprometida pela apatia, tonificando-a e excitando-a.

O planejamento reencarnatório da pupila, com relação ao número de filhos que deveria ter, prevaleceu na decisão, sem anulação do livre-arbítrio de Laudemira. Os filhos, ela poderia tê-los, ou não, a depender de sua vontade; à Espiritualidade competia assegurar-lhe as condições orgânicas para que os tivesse porque esse era o compromisso, o melhor para ela.

36º EXEMPLO: *Ação e Reação*, 9. ed., FEB, Capítulo 12, p. 166 a 172:

*— "Assistente Silas! Assistente Silas!... (...) Socorro!... Socorro!..."*

Este é o apelo dramático de mãe (Espírito), intercedendo por filha, ameaçada de pôr termo à vida. Silas, enquanto ouve as explicações da mulher aflita, põe-se a caminho para as providências socorristas que o caso requer, enquanto explica detalhes a André e a Hilário, para que se inteirassem minimamente da situação:

— Trata-se de companheira da Mansão, reencarnada há quase trinta anos, sob os auspícios de nossa casa. Prestar-lhe-emos o necessário auxílio, ao mesmo tempo que vocês poderão examinar um problema de *débito agravado*. Num quarto humilde, em residência de três cômodos, depara-se quadro desolador: junto da jovem senhora agoniada e exausta, uma menina choramingava, inquieta, de olhos esgazeados, assinalada pelos estigmas dos marcados pelo sofrimento ao nascer. Marina, ajoelhada, beijava a filha com a angústia dos que se despedem para sempre. Toma de um copo, em movimento rápido, antes, porém, de levá-lo à boca, recebe o influxo inspirativo de Silas. Acompanhemos a ação do orientador de André Luiz:

*— Como podes pensar na sombra da morte, sem a luz da oração?*

*A desventurada não lhe ouviu a pergunta com os tímpanos da carne, mas a frase de Silas invadiu-lhe a cabeça qual rajada violenta.*

*Lampejaram-lhe os olhos com novo brilho e o copo tremeu-lhe nas mãos, agora indecisas.*

*Nosso orientador estendeu-lhe os braços, envolvendo-a em fluidos anestesiantes de carinho e de bondade.*

❖

*Silas administrava-lhe passes magnéticos de prostração e, induzindo-a a ligeiro movimento do braço, fez que ela mesma, num impulso irrefletido, batesse com força no copo fatídico, que rolou no piso do quarto, derramando o líquido letal.*

❖

*Silas emitiu forte jato de energia fluídica sobre o córtex encefálico dela, e a moça, sem conseguir explicar a si mesma a razão do torpor que lhe invadia o campo nervoso, deixou-se adormecer pesadamente.*

❖

*Silas (...), interessado em conduzir o socorro até ao fim, administrou novos recursos magnéticos à mãezinha debilitada, e então presenciamos um quadro inesquecível.*

*Marina ergueu-se em Espírito sobre o corpo somático e pousou em nós o olhar vago e inexpressivo... (...). De repente, à maneira do cego que retorna à visão, a pobre criatura viu a genitora que lhe estendia os braços amigos e carinhosos. Com lágrimas a lhe correrem dos olhos, refugiou-se-lhe no regaço, gritando de alegria:*

*— Mãe! Minha mãe!... pois és tu?*

Interessante atendimento em quatro operações distintas: a primeira, inspirando telepaticamente a mulher fascinada com a ideia do suicídio – Como pensar na morte sem a luz da oração? –; a segunda, aplicando passes de prostração, acompanhados de ação mediúnica (quase um efeito físico) – para acentuar a passividade e induzir movimento ao braço da enferma –; a terceira, indução ao sono – direcionando energias para o córtex encefálico – e quarta, – desdobramento – trazendo-a para fora do corpo, a fim de encontrar-se com a mãe.

O que Silas classifica como *débito agravado* são as situações de prova que a pessoa adiciona a outras já programadas durante a preparação reencarnatória. Foi o caso de Marina, que atraíra para sua encarnação atual a irmã suicida (por sua responsabilidade indireta), no caso a criança surda-muda ali ao seu lado, e um marido enfermo que não estava em seu programa de vida, no caso o ex-noivo da irmã suicida.

37º EXEMPLO: *Missionários da Luz*, 16. ed., FEB, Capítulo 19, p. 325:

André Luiz, em atividade de estudo, recebe orientações de Alexandre, nobre Espírito com tarefas de supervisão em Instituição Espírita no plano físico. O interesse do discípulo na questão dos passes estimulou o instrutor a tecer comentários a respeito do funcionamento dessa importante atividade na Casa que dirigia, onde seis Entidades altamente qualificadas operavam quais enfermeiros vigilantes, atendendo os frequentadores encarnados e, também, o séquito de seus acompanhantes espirituais.

Apresentado André Luiz ao supervisor da tarefa, Anacleto, este o convida à observação.

Na primeira pessoa a ser atendida, colaboradora da Casa, se percebia, à visão espiritual, tenuíssima nuvem negra cobrindo grande extensão do coração, com reflexos na válvula aórtica. Esse quadro suscita de Anacleto o seguinte esclarecimento:

*Assim como o corpo físico pode ingerir alimentos venenosos que lhe intoxicam os tecidos, também o organismo perispiritual pode absorver elementos de degradação que lhe corroem os centros de força, com reflexos sobre as células materiais. (...).*

*Esta amiga, na manhã de hoje, teve sérios atritos com o esposo, entrando em grave posição de desarmonia íntima. A pequena nuvem que lhe cerca o órgão vital representa matéria mental fulminatória. A permanência de semelhantes resíduos no coração pode ocasionar-lhe perigosa enfermidade.*

Dispôs-se, em seguida, a atender o caso:

*Colocou a mão direita sobre o epigástrio da paciente, na zona inferior do externo e, com surpresa, notei que a destra, assim disposta, emitia sublimes jatos de luz que se dirigiam ao coração da senhora enferma, observando-se nitidamente que os raios de luminosa vitalidade eram impulsionados pela força inteligente e consciente do emissor. Assediada pelos princípios magnéticos postos em ação, a reduzida porção de matéria negra, que envolvia a válvula mitral, deslocou-se vagarosamente e, como se fora atraída pela vigorosa vontade de Anacleto, veio aos tecidos da superfície, espraiando-se sob a mão*

*irradiante, ao longo da epiderme. Foi então que o*
*magnetizador espiritual iniciou o serviço mais ativo*
*do passe, alijando a maligna influência. Fez o con-*
*tacto duplo sobre o epigástrio, erguendo ambas as*
*mãos e descendo-as, logo após, morosamente, atra-*
*vés dos quadris até aos joelhos, repetindo o contacto*
*na região mencionada e prosseguindo nas mesmas*
*operações por diversas vezes. Em poucos instantes, o*
*organismo da enferma voltou à normalidade.*

Que belíssima descrição! A técnica – longitudinal, a
partir de imposição dupla de mãos – fica em segundo plano,
pois prevaleceu a grande força radiante do doador de energias, que as canalizou por sua vontade poderosa. O diagnóstico claro do problema, facilitado pela visão espiritual,
cria condições para ação mais consciente, que não temos
enquanto encarnados, na condição de criaturas comuns. A
estrada a percorrer, todavia, está aberta para todos, podendo
ser vencida com esforços e dedicação. A criatura que des-
cobriu o Cristo deve viver o prazer de cada conquista, sem
ansiedades pelas que virão, embora as desejando.

38º EXEMPLO: *Missionários da Luz*, 16. ed., FEB, Capítulo 19, p. 328:

André acompanha novo atendimento, que requer de
seu orientador demorada explicação pelo inusitado da situação. Tratava-se de cavalheiro idoso, com o fígado profundamente alterado, envolto em nuvem muito escura, que lhe
alcançava a vesícula biliar, o pâncreas e o duodeno, modifi-
cando por completo o processo digestivo.

As explicações do orientador espiritual para aquele desequilíbrio orgânico, com reflexos no comportamento emocional, eram surpreendentes, conforme a narrativa que reproduzimos textualmente:

— *Este irmão, portador dum temperamento muito vivo, está cheio dos valores positivos da personalidade humana. Tem atravessado inúmeras experiências em lutas passadas e aprendeu a dominar as coisas e as situações com invejável energia. Agora, porém, está aprendendo a dominar a si mesmo, a conquistar-se para a iluminação interior. Em semelhante tarefa, contudo, experimenta choques de vulto, porquanto, dentro de sua individualidade dominadora, é compelido a destruir várias concepções que se lhe figuravam preciosas e sagradas. Nesse empenho, os próprios ensinamentos do Cristo, que lhe servem de modelo à renovação, doem-lhe no íntimo como marteladas, em certas circunstâncias. Este homem, no entanto, é sincero e deseja, de fato, reformar-se. Mas sofre intensamente, porque é obrigado a ausentar-se de seu campo exclusivo, a caminho do vasto território da compreensão geral. No círculo dos conflitos dessa natureza, vem lutando, desde ontem, dentro de si mesmo, para acomodar-se a certas imposições de origem humana que lhe são necessárias ao aprendizado espiritual, e, no esforço mental gigantesco, ele mesmo produziu pensamentos terríveis e destruidores, que segregaram matéria venenosa, imediatamente atraída para o seu ponto orgânico mais frágil, que é o fígado. Ele, porém, está em prece regeneradora e facilitará nosso serviço de socorro, pela emissão de energias benéficas. (...)*

Seguiu-se a ação dos passes:

*Anacleto continuou de pé e aplicou-lhe um passe longitudinal sobre a cabeça, partindo do contato simples e descendo a mão, vagarosamente, até a região do fígado, que o auxiliador tocava com a extremidade dos dedos irradiantes, repetindo-se a operação por alguns minutos. Surpreendido, observei que a nuvem, de escura, se fizera opaca, desfazendo--se, pouco a pouco, sob o influxo vigoroso do magnetizador em missão de auxílio.*
*O fígado voltou à normalidade plena.*

A grande força diluente dos bons fluidos é mostrada com propriedade. Os passes longitudinais aparecem como recurso para quase todos os usos em termos de aplicações magnéticas. E mais uma vez transparece o reforço para o que é mais importante: o influxo vigoroso do magnetizador.

Já vimos no caso de Argos (29º exemplo), a questão do órgão vulnerável aqui focalizado por André Luiz com expressão equivalente: "ponto orgânico frágil". Na pessoa objeto de seu estudo esse ponto é o fígado; não se tratando de obsessão, certamente era caso relacionado com o passado.

Todos os temos, às vezes mais de um, à mostra ou velados, e os teremos até que equilibremos, por inteiro, os instrumentos psicofísicos que recebemos de Deus para o milagre da vida.

39º EXEMPLO: *Missionários da Luz*, 16. ed., FEB, Capítulo 19, p. 330 a 332:

Outro caso, estudado por André Luiz: uma grávida, extremamente carente, portadora de anemia profunda, causada por subalimentação e vigílias noturnas em trabalhos extras para ajudar o marido mal-remunerado. Criatura de fé, não estava conseguindo, todavia, vencer a tristeza angustiosa, ainda mais por causa das emissões de matéria mental doentia que lhe arremessava o companheiro, acostumado a se apoiar na sua coragem e resignação.

Na observação de André, o útero apresentava manchas escuras ou pardacentas, em perigoso cerco ao feto, que deveriam ser impedidas de alcançá-lo para que o perigo do aborto fosse afastado. Em vista disso, Anacleto passa à ação socorrista:

> (...) *muito cuidadosamente, atuou por imposição das mãos sobre a cabeça da enferma, como se quisesse aliviar-lhe a mente. Em seguida, aplicou passes rotatórios na região uterina. Vi que as manchas microscópicas se reuniam, congregando-se numa só, formando pequeno corpo escuro. Sob o influxo magnético do auxiliador, a reduzida bola fluídico-pardacenta transferiu-se para o interior da bexiga urinária.*
> *O novo companheiro, dando os passes por terminados, esclareceu:*
> *— Não convém dilatar a colaboração magnética para retirar a matéria tóxica de uma vez. Lançada no excretor de urina, será alijada facilmente, dispensando a carga de outras operações.*

❖

*— Agora, é preciso socorrer a organização fetal.*

❖

*Anacleto retirou do vaso certa porção de substância luminosa, projetando-a nas vilosidades uterinas, enriquecendo o sangue materno destinado a fornecer oxigênio ao embrião.*

Técnicas precisas e ajustadas para o objetivo geral. Alívio ao cérebro enfermo através da imposição dupla de mãos; passes rotatórios, com o objetivo de aglutinar os fluidos perniciosos acumulados na região da bexiga – já se mencionou o grande poder concentrador desses passes – e concentrados fluídicos preparados no Mundo espiritual, utilizados para proteger o feto; por fim, a grande sabedoria de deixar que a Natureza fizesse sua parte, ao reservar para o aparelho excretor o papel natural de eliminar resíduos fluídicos. Estes são os milagres de Deus, dos quais os bons Espíritos são distribuidores. Quando sinais deles são percebidos no universo dos homens, um mundo de providências já foi tomado antes.

40º EXEMPLO: *Missionários da Luz*, 16 ed., FEB, Capítulo 19, p. 333:

Terminara mais um atendimento, quando um dos cooperadores se acerca de Anacleto, pedindo-lhe orientação para um caso de "décima vez". Tratava-se de homem idoso, conhecido da Casa, com o fígado e o baço em grande desequilíbrio. Depois de longa perquirição, o dedicado Espírito lamentou o fato e deu-lhe orientação sábia:

> *(...) Agora, após dez vezes de socorro completo, é preciso deixá-lo entregue a si mesmo, até que adote nova resolução. Poderá oferecer-lhe melhoras, mas não deve alijar a carga de forças destruidoras que o nosso rebelde amigo acumulou para si mesmo. Nossa missão é de amparar os que erraram, e não de fortalecer os erros.*

Esta é excelente lição para encerrar este passeio pelas letras espíritas. O ensinamento deixado por André Luiz, neste passo, remete-nos à clássica ideia de que, às vezes, a doença é remédio e a parcimônia no ajudar é sabedoria. Afinal de contas, toda ajuda cria compromisso e aquele que recebe os bens divinos e não os sabe guardar é perdulário que precisa da lição do sofrimento para despertar.

## COMENTÁRIO DE FECHAMENTO DO GRUPO 2:

Nos exemplos enfeixados neste Grupo, verificamos a presença dos amigos espirituais atuando de forma amorosa e tecnicamente orientada, na aplicação de passes fora das reuniões mediúnicas. Uma apreciação superficial poderia levar à conclusão de que, se assim atuam os bons Espíritos, desnecessário investir-se na aplicação de passes na Casa Espírita. Judiciosa apreciação levará, certamente, à conclusão contrária, por vários motivos. Primeiro, em nenhum momento a ação dos Espíritos desencarnados dispensa a colaboração dos encarnados, diretamente ou agindo por inspiração deles, consoante os imperativos da Lei de Sociedade, apresentada em *O Livro dos Espíritos*. Segundo, a atuação dos mentores e dos passistas sob a supervisão destes ocorre, como demonstram os exemplos, quase sempre, em casos extremos e urgentes, algumas vezes preventivos, a fim de que a vida seja preservada, o equilíbrio restabelecido e a paz instalada.

Terceiro, a ação dos Espíritos no campo da aplicação da terapia bioenergética excede em muito nossa capacidade de atuação, dado que ultrapassa a mera doação de energia e adentra no campo da sua organização e manipulação, conforme mostram algumas descrições nesses exemplos reproduzidos, como em outros também.

Afora os aspectos técnicos do passe aplicado diretamente pelos Espíritos, em todos os exemplos aqui transcritos, é possível destacar importantes lições quanto à atuação dos passistas, que conjuga imposição de mãos, movimentos rítmicos, irradiação do pensamento e direcionamento da vontade para a sintonia com os Espíritos superiores.

# Últimas Reflexões

Aprender com os Espíritos é o maior investimento que podemos fazer, no âmbito desse grande empreendimento que é nossa edificação espiritual. E aprender com eles a tão nobre tarefa de aplicar passes e exercer a função de terapeuta espiritual é investimento precioso para a Vida Eterna.

Quem vê no passe apenas o aspecto mecânico das técnicas, está se enganando na base, pois o essencial mesmo é o amor, sentimento nobre que move a ação socorrista. Isto não significa que rejeitemos o conhecimento de como funcionam as coisas. Precisamos, sem sombra de dúvida, compreender o quê, o porquê e o quando de cada ação. No passe, cada movimento tem um objetivo e uma finalidade e quem se dedica a essa tarefa deve conscientizar-se disto. Incorporado este conhecimento ao hábito, agiremos sem premeditação, permitindo que o amor assuma o comando de nossos impulsos.

Você, caro amigo, que nos lê este modesto trabalho e que, certamente, está interessado em buscar o conhecimento e a vivência do amor, ponha estas informações em sua bagagem, pois são ferramentas que não pesarão muito, podendo ser úteis em algum momento de sua trajetória.

Ao agrupar os assuntos e definir ordenadamente as situações específicas a que se aplica cada terapia, esperamos ter contribuído a benefício de quantos, como nós, ainda precisam de sistemas de referência; não para os que estão vivendo a era do sentimento pleno, pois esses já não precisam de sistemas, nem de referências.

Constate você mesmo, caro amigo, que, nesses sessenta anos que vão de André Luiz a Manoel Philomeno de Miranda, ficamos no simples e lógico: imposição de mãos, passes longitudinais e rotativos (também denominados de circulares) nos dois sentidos, associando as finalidades de dispersar ou suprir, reequilibrando ou tonificando. Não foi preciso ir além.

Vamos repetir recomendação nossa, contida na obra *"Terapia pelos Passes"*, pág. 84: *Na proposta da Casa Espírita a técnica se revestirá, sempre, da simplicidade, de tal modo que o doador de energias se entregue à tarefa com espontaneidade e não se veja induzido a, preocupando-se com a forma, esquecer o essencial, quebrando a sintonia com os bons Espíritos, que é fator primordial para o sucesso da atividade.*

Agradecendo a atenção do caro leitor, recomendamos a leitura do posfácio que enriquece sobremaneira este livro ao resgatar raízes históricas que remontam a Jesus, o excelente Filho de Deus, e a Allan Kardec, o vaso escolhido por Ele para apresentar o Consolador Prometido.

# POSFÁCIO

## PASSES – APRENDENDO COM JESUS E COM ALLAN KARDEC

### POR ADILTON PUGLIESE

As narrativas-exemplos deste livro, pela sua eficácia, propriedade e objetivo ético, estão vinculadas a dois poderosos sustentáculos: os ensinos e as experiências de Jesus e de Allan Kardec, que representam a linha mestra do pensamento espírita.

Natural, portanto, que, no fechamento dos comentários nele contidos, seja demonstrado o que esses dois vigorosos núcleos de aprendizado destacaram acerca da ação fluídica ou passe, cuja qualidade terapêutica influenciou e se constituiu num paradigma para os Espíritos Manoel Philomeno de Miranda, André Luiz e equipes espirituais de trabalho por eles observadas, que a utilizaram em larga escala e com intensidade nas atividades socorristas das quais foram ativos protagonistas, exaradas e comentadas nos relatos constantes das obras citadas neste livro.

COM JESUS APRENDEMOS, conforme esclarece Allan Kardec em *A Gênese*, ao tratar dos Milagres do Evangelho – Capítulo XV – e examinar a Superioridade da Natureza de Jesus, que "Os fatos que o Evangelho relata e que foram até hoje considerados milagres pertencem, na sua maioria, à ordem dos fenômenos psíquicos, isto é, dos que têm como causa primária as faculdades e os atributos da alma". (Grifamos).

Destaca o Mestre de Lyon que "O princípio dos fenômenos psíquicos repousa (...) nas propriedades do fluido perispiritual, que constitui o agente magnético". (Grifamos). [1]
E enfatiza o Codificador que Jesus, "Como homem,
tinha a organização dos seres carnais; porém, como Espírito
puro, desprendido da matéria, havia de viver mais da vida
espiritual do que da vida corporal, de cujas fraquezas não
era passível (...)" e que a qualidade dos seus fluidos "(...) lhe
conferia imensa força magnética, secundada pelo incessante
desejo de fazer o bem".

No capítulo XIV, item 34, desse quinto livro da Co-
dificação, lançado em 1868, Allan Kardec elucida que "É
muito comum a faculdade de curar pela influência fluídica e pode desenvolver-se por meio do exercício; mas, a de
curar instantaneamente, pela imposição das mãos, essa é
mais rara e o seu grau máximo se deve considerar excepcional. No entanto, em épocas diversas e no seio de quase
todos os povos, surgiram indivíduos que a possuíam em
grau eminente".

Nessa posição, portanto, podemos classificar Jesus,
O qual, consoante o apóstolo Mateus, 8:17 "(...) tomou sobre Si as nossas enfermidades e levou as nossas doenças." e
orientava aos discípulos idêntico esforço caridoso: " – Curai
os enfermos, limpai os leprosos, expulsai os demônios".
(Mateus, 10:8).

Há vários registros das curas de Jesus por efeito da
ação fluídica, entre os quais citamos:

– No tanque de Betsaida, ergue o paralítico, dizendo-
-lhe: " – Queres ser curado? Levanta-te e anda." (João, 5:1-15);

*Passes: aprendendo com os Espíritos*

– em Cafarnaum, declara ao enfermo de paralisia grave: " – Levanta-te, toma o teu leito e vai para tua casa". (Mateus, 9:2-8);

– impondo as mãos, cura o leproso citado por Marcos (1:40-45), do qual aciona a vontade de ficar bom: "– Senhor, se queres, podes tornar-me limpo". E Jesus, estendendo a mão, tocou-o, dizendo-lhe: "– Quero, fica limpo";

– no Horto das Oliveiras, toca a orelha de Malco (Jo 18:10), decepada pelo golpe de Pedro, cicatrizando-lhe o ferimento doloroso (Lucas, 22:51);

– em Jericó, atende ao apelo do cego Bartimeu, que O chama insistentemente, curando-o (Marcos, 10-46-52);

– cura a sogra de Pedro, com diagnóstico de "febre alta", tocando-lhe a mão, e extinguindo o sintoma febril (Mateus, 8:14-15).

Em todas as curas, porém, advertia ao paciente quanto à recidiva, a exemplo do paralítico de Betesda: "–Olha que já estás curado; não peques mais para que te não suceda alguma coisa pior." (João, 5:14).[2]

E depois da ressurreição transmite o Seu legado aos discípulos sinceros de Sua época e de todos os tempos, apresentando-se no caminho de Emaús e às margens do Mar de Tiberíades, dizendo-lhes: "– (...) Assim como o Pai me enviou, eu também vos envio" (João, 20:21), orientando-os a pregar o Evangelho em toda a parte e a toda criatura. A Pedro, pede que apascente as Suas ovelhas (João, 21:15-17). Mais tarde, o famoso pescador do Evangelho seria citado por Lucas em Atos dos Apóstolos, pela cura que operava junto àqueles enfermos que se abrigavam sob a sombra protetora de sua irradiação fluídica perispiritual. (Atos, 5:15).

❖

95

*Projeto Manoel Philomeno de Miranda*

COM KARDEC APRENDEMOS – consoante o Prof. Canuto Abreu (1892-1980), médico espírita que traduziu *vis-à-vis* a primeira edição de *O Livro dos Espíritos*, sob o título de *O Primeiro Livro dos Espíritos de Allan Kardec* (1857), em homenagem ao primeiro centenário daquela obra – que o professor Hippolyte Léon Denizard Rivail (1804-1869) teria sido membro da Sociedade Mesmeriana, existente em Paris, da qual faziam parte, também, o barão Du Potet (Jules Denis de Sennevoy – 1796-1881) além dos Srs. Roustan e Carlotti, personagens contemporâneos do Mestre de Lyon, citados no *Livro das Previsões Concernentes ao Espiritismo*, manuscrito que viria compor a segunda parte do livro *Obras Póstumas*, lançado em Paris em 1890.

A "Sociedade Mesmeriana" derivava de estudos elaborados pelo filósofo e teólogo austríaco Franz Anton Mesmer (1734-1815), que diplomou-se em Medicina em Viena e afirmava ter descoberto o "magnetismo animal", que seria um "(...) fluido passível de transmissão de uma pessoa para a outra". Publicou, em 1775, *Estudos sobre a Cura Magnética*, em que especifica suas descobertas sobre o que ele chamava de "forças magnéticas" e seus efeitos sobre as doenças.[3]

O barão Du Potet estudou Medicina na Faculdade de Paris e publicou a obra *Cours de Magnetism Animal* (1834) e foi editor do Journal du Magnétisme.[4] Acreditamos que seja esse barão o "amigo médico" ao qual o Codificador se refere em *O Livro dos Médiuns*, capítulo XIV, título 7, Médiuns Curadores, item 175, e que pretendia tratar, em profundidade, desse gênero de mediunidade, em obra sobre medicina intuitiva.

Ainda conforme o famoso pesquisador brasileiro, quando da aproximação do professor Rivail dos fenômenos das mesas girantes, a convite do Sr. Carlotti, em janeiro de 1855, ele, Rivail, já tinha mais de 35 anos de convivência com magnetistas. [5]

Na mesma obra, localizamos referência às atividades do Sr. Roustan, amigo de Rivail e de Carlotti, o qual, numa Sociedade Magnetológica, existente em Paris, da qual fazia parte, "(...) de graça distribuía, diariamente, passes magnéticos de cura aos doentes que buscavam a terapêutica magnética". [6]

De acordo com o que se encontra exarado na segunda parte do livro *Obras Póstumas*, considerada, por Herculano Pires, o testamento doutrinário de Allan Kardec, foi a partir de 1856 que o professor Rivail frequentou simultaneamente as reuniões mediúnicas nas residências dos senhores Roustan e Baudin, declarando que "Eram sérias essas reuniões e se realizavam com ordem". [7]

Foi nesses encontros que Rivail elaborou, certamente com o auxílio desses amigos – estudiosos como ele do magnetismo curador – e de vários médiuns, a primeira edição de *O Livro dos Espíritos*, lançada em 18 de abril de 1857 em Paris, assinando-a com o nome de Allan Kardec.

Identificamos, assim, que o Codificador do Espiritismo possuía considerável lastro informativo teórico-prático a respeito da ação do que ele chamaria de Mediunidade Curadora, de Emissão Fluídica, de Magnetismo de Cura, de Aplicação Fluídica ou de Terapia Fluídica em suas obras e que se popularizaria no Movimento Espírita brasileiro, operacionalizada nas diversas Instituições Espíritas do país, como... PASSES.

Podemos, inclusive, identificar o uso dessa palavra (passes) em duas traduções brasileiras.

*Projeto Manoel Philomeno de Miranda*

– Em *O Livro dos Médiuns*, 69. ed. FEB, Rio de Janeiro, 2001, tradução de Guillon Ribeiro da 49. ed. francesa *Le Livre des Médiums* ou Guide des Médiums et des Évocateurs, segunda parte, capítulo XIV, item 176, quinta resposta, página 218;
– Na *Revista Espírita* (Revue Spirite: Journal D'Etudes Psychologiques), de janeiro de 1864, 1.ed. FEB, Rio de Janeiro, 2004, tradução de Evandro Noleto Bezerra, artigo Médiuns Curadores, página 22.

No seu famoso diálogo com o magnetizador Fortier, que lhe fala das mesas girantes, ao declarar-lhe que não eram apenas as pessoas que podiam ser magnetizadas,[8] depreendemos que o assunto era do domínio do pedagogista Rivail, que se aprofundara nos estudos do Magnetismo. Por isso, vamos encontrar a sua afirmação, mais tarde, na edição de março de 1858 da *Revue Spirite: Journal D'Études Psychologiques:* "O Magnetismo preparou o caminho do Espiritismo, e o rápido progresso desta última doutrina se deve, incontestavelmente, à vulgarização das ideias sobre a primeira. Dos fenômenos magnéticos, do sonambulismo e

---

[1] KARDEC, Allan. *A Gênese*. 36. ed. FEB, p. 309-310.
[2] OLIVEIRA, Therezinha. *Estudos Espíritas do Evangelho*. 2. ed., EME, p. 233.
[3] FACURE, Núbor O. *A Ciência da Alma* – De Mesmer a Kardec. FE Editora.
p. 39.
[4] ABREU, Canuto. *O Livro dos Espíritos e sua Tradição Histórica e Lendária*. Ed. LFU, p. 69.
[5] Idem, ibidem. p. 142.
[6] ABREU, Canuto. *O Livro dos Espíritos e sua Tradição Histórica e Lendária*. Ed. LFU. p. 69.
[7] KARDEC, Allan. *Obras Póstumas*. 32. ed., FEB, p. 270.
[8] KARDEC, Allan. *Obras Póstumas*. 32. ed., FEB, p. 265.

*Passes: aprendendo com os Espíritos*

do êxtase às manifestações espíritas não há mais que um passo; tal é sua conexão que, por assim dizer, torna-se impossível falar de um sem falar do outro."[9] Transcrevemos, a seguir, trechos extraídos das Obras Básicas que expressam o pensamento de Allan Kardec certamente inspirado pelos Espíritos a respeito dessa temática.

---

[9] KARDEC, Allan. *Revista Espírita*, março de 1858. 1. ed., FEB, p. 149.

# TRECHOS DAS OBRAS BÁSICAS DO ESPIRITISMO

## O LIVRO DOS ESPÍRITOS
### (76. ED., FEB, 1995.)

Pergunta 555 (comentários de Allan Kardec):

*"O Espiritismo e o Magnetismo nos dão a chave de uma imensidade de fenômenos sobre os quais a ignorância teceu um sem-número de fábulas, em que os fatos se apresentam exagerados pela imaginação. O conhecimento lúcido dessas duas ciências que, a bem dizer, formam uma única, mostrando a realidade das coisas e suas verdadeiras causas, constitui o melhor preservativo contra as ideias supersticiosas, porque revela o que é possível e o que é impossível, o que está nas leis da Natureza e o que não passa de ridícula crendice."*

Pergunta 556 – "Têm algumas pessoas, verdadeiramente, o poder de curar pelo simples contato?".

*"A força magnética pode chegar até aí, quando secundada pela pureza dos sentimentos e por um ardente desejo de fazer o bem, porque então os bons Espíritos lhe vêm em auxílio. Cumpre,*

*porém, desconfiar da maneira pela qual contam as coisas pessoas muito crédulas e muito entusiastas, sempre dispostas a considerar maravilhoso o que há de mais simples e mais natural. Importa desconfiar também das narrativas interesseiras, que costumam fazer os que exploram, em seu proveito, a credulidade alheia.*"

O LIVRO DOS MÉDIUNS
(69. ED., FEB, 2001.)

Capítulo VIII – item 131:

"*Esta teoria (vide item 130) nos fornece a solução de um fato bem conhecido em magnetismo, mas inexplicado até hoje: o da mudança das propriedades da água, por obra da vontade. O Espírito atuante é o do magnetizador, quase sempre assistido por outro Espírito. Ele opera uma transmutação por meio do fluido magnético que, como atrás dissemos, é a substância que mais se aproxima da matéria cósmica, ou elemento universal. Ora, desde que ele pode operar uma modificação nas propriedades da água, pode também produzir um fenômeno análogo com os fluidos do organismo, donde o efeito curativo da ação magnética, convenientemente dirigida.*"

Capítulo XIV – item 176:

"Há pessoas que verdadeiramente possuem o dom de curar pelo simples contacto, sem o emprego dos passes magnéticos?"
*"Certamente, não tens disso múltiplos exemplos?*

Capítulo XIV – item 176:

"Nesse caso, há também ação magnética, ou apenas influência dos Espíritos?"

*"Uma e outra coisa. Essas pessoas são verdadeiros médiuns, pois que atuam sob a influência dos Espíritos; isso, porém, não quer dizer que sejam médiuns curadores, conforme o entendes."*

O EVANGELHO SEGUNDO O
ESPIRITISMO
(117. ED., FEB, 2001.)

Capítulo XIX – A Fé Transporta Montanhas – item 5:

*"O poder da fé se demonstra, de modo direto e especial, na ação magnética; por seu intermédio, o homem atua sobre o fluido, agente universal, modifica-lhe as qualidades e lhe dá uma impulsão por assim dizer irresistível. Daí decorre que aquele que a um grande poder fluídico normal junta ardente fé, pode, só pela força da sua vontade dirigida para o bem, operar esses singulares fenômenos de cura e outros, tidos antigamente por prodígios, mas que não passam de efeito de uma lei natural. Tal o*

*motivo por que Jesus disse a seus apóstolos: se não o curastes, foi porque não tínheis fé."*

Capítulo XXVI – Dai gratuitamente o que gratuitamente recebeste – item 10:

*"A mediunidade é coisa santa, que deve ser praticada santamente, religiosamente. Se há um gênero de mediunidade que requeira essa condição de modo ainda mais absoluto é a mediunidade curadora. O médico dá o fruto de seus estudos, feitos, muita vez, à custa de sacrifícios penosos. O magnetizador dá o seu próprio fluido, por vezes até a sua saúde. Podem pôr-lhes preço. O médium curador transmite o fluido salutar dos bons Espíritos; não tem o direito de vendê-lo. Jesus e os apóstolos, ainda que pobres, nada cobravam pelas curas que operavam."*

O CÉU E O INFERNO
(40. ED., FEB, 1995.)

Primeira parte – capítulo X – item 10:

*"Esclarecendo-nos sobre as propriedades dos fluidos agentes e meios de ação do mundo invisível, constituindo uma das forças e potências da Natureza o Espiritismo nos dá a chave de inúmeros fatos e coisas inexplicadas e inexplicáveis de outro modo, fatos e coisas que passaram por prodígios, em outras eras. Do mesmo modo que o Magnetismo, ele nos revela uma lei, senão desconhecida, pelo menos incompreendida (...). Conhecida essa lei, desaparece o maravilhoso e os*

*fenômenos entram para a ordem das coisas naturais.
Eis por que os Espíritos não produzem milagres (...)."*

## A GÊNESE
(36. ED., FEB, 1995.)

### Capítulo XIV – item 33:

*"A ação magnética pode produzir-se de muitas maneiras:"*

*"2º. – Pelo fluido dos Espíritos, atuando diretamente e sem intermediário sobre um encarnado, seja para o curar ou acalmar um sofrimento, seja para provocar o sono sonambúlico espontâneo, seja para exercer sobre o indivíduo uma influência física ou moral qualquer. É o Magnetismo espiritual, cuja qualidade está na razão direta das qualidades do Espírito."*

# TRECHOS DA REVISTA ESPÍRITA
(1. Ed., Feb.)

Janeiro de 1864, p. 21 e 22.
Mensagem do Espírito Mesmer

*"(...) Também é por isto que o magnetismo empregado pelos médiuns curadores é tão potente e produz essas curas classificadas de miraculosas, e que são devidas simplesmente à natureza do fluido derramado sobre o médium; enquanto o magnetizador ordinário se esgota, muitas vezes inutilmente, em dar passes, o médium curador infiltra um fluido regenerador pela simples imposição das mãos, graças ao concurso dos bons Espíritos. Mas esse concurso só é concedido à fé sincera e à pureza de intenção."* (Grifamos).

Julho de 1867, p. 245.
Grupo Curador de Marmande – Intervenção dos Parentes nas Curas.
Marmande, 12 de maio de 1867

*"Caro senhor Kardec,*
*Nossos bons Espíritos, que se devotam à propagação do Espiritismo, tomaram também a tarefa de vulgarizar o magnetismo. Em quase todas as consultas, para os diversos casos de moléstias, eles pedem o auxílio dos parentes: um pai, uma mãe, uma irmã ou uma irmã, um vizinho, um amigo*

*são requisitados para dar passes. Essas bravas criaturas ficam surpresas de debelar crises, de acalmar dores.*

*Aperto a vossa mão muito cordialmente."*
Dombre

O fato mais característico assinalado nesta carta é o da interferência dos parentes e amigos dos doentes nas curas. É uma ideia nova, cuja importância não escapará a ninguém, porque sua propagação não pode deixar de ter resultados consideráveis. É a vulgarização anunciada da mediunidade curadora. Os espíritas notarão quanto os Espíritos são engenhosos nos meios tão variados, que empregam, para fazer penetrar a ideia nas massas. Como não o seria, desde que se lhe abrem, incessantemente, novos canais e se lhe dão os meios de bater em todas as portas?

Esta prática não poderia, pois, ser demasiado encorajada. Contudo há que não perder de vista que os resultados estarão na razão da boa direção dada à coisa pelos chefes dos grupos curadores, e do impulso que souberem imprimir por sua energia, seu devotamento e seu próprio exemplo. (Comentário de Allan Kardec – Nota dos autores)

Outubro de 1867, p. 414 e 417.

Os Médicos-médiuns

*"Dissemos e repetimos: seria um erro crer que a mediunidade curadora venha destruir a Medicina e os médicos. Ela vem lhes abrir novo caminho, mostrar-lhes, na Natureza, recursos e forças*

*que ignoravam e com os quais podem beneficiar a ciência e seus doentes; numa palavra, provar-lhes que não sabem tudo, já que há pessoas que, fora da ciência oficial, conseguem o que eles mesmos não conseguem. Assim, não temos nenhuma dúvida de que um dia haja* médicos-médiuns, *como há* médiuns-médicos *que à ciência adquirida, juntarão o dom de faculdades mediúnicas especiais."*
*(Grifos do original.)*

*"Dissemos que a mediunidade curadora não matará a Medicina nem os médicos, mas não pode deixar de modificar profundamente a ciência médica. Sem dúvida, haverá sempre médiuns curadores, porque sempre os houve, e esta faculdade está na Natureza; mas serão menos numerosos e menos procurados à medida que o número de médicos-médiuns aumentar, e quando a Ciência e a mediunidade se prestarem mútuo apoio. Ter--se-á mais confiança nos médicos quando forem médiuns, e mais confiança nos médiuns quando forem médicos".*[1]

---

[1] Médicos-médiuns são aqueles assistidos intuitivamente pelos Espíritos pelo fato de terem uma vida de devotamento à profissão e aos enfermos. Médiuns--médicos são aqueles que, não sendo médicos de formação, se interessam pelo estudo da Medicina, facilitando a ação mediúnica dos Espíritos por seu intermédio. Para melhor entendimento, deve ser lido o artigo anterior da mesma *Revista Espírita de outubro de 1867*, página 409, intitulado: *Sra. Condessa Adélaïde de Clérambert Médium-Médica* (nota dos autores).

# DIVERSOS ESTUDOS RECOMENDADOS PELOS AUTORES (PROJETO MANOEL PHILOMENO DE MIRANDA) PARA CONSULTA:

- Emprego Oficial do Magnetismo Animal (Revista Espírita, outubro de 1858).

- O Magnetismo e o Sonambulismo Ensinados pela Igreja (Revista Espírita, outubro de 1858).

- O Magnetismo Reconhecido pelo Poder Judiciário (Revista Espírita, outubro de 1859).

- Um Médium Curador (Revista Espírita, março de 1860).

- Médiuns Curadores (Revista Espírita, janeiro de 1864).

- Poder Curativo do Magnetismo Espiritual – Dr. Demeure (Revista Espírita, abril de 1865).

- O Zuavo Curador do Campo de Châlons (Revista Espírita, outubro de 1866).

- Considerações sobre a Propagação da Mediunidade Curadora (Revista Espírita, novembro de 1866).

- O Príncipe de Hohenlohe, Médium Curador (Revista Espírita, dezembro de 1866).

- A Lei e os Médiuns Curadores, (Revista Espírita, julho de 1867).

- Simonet – Médium Curador de Bordeaux (Revista Espírita, agosto de 1867).

- O Cura Gassner – Médium Curador (Revista Espírita, novembro de 1867).

Este livro foi impresso na
LIS GRÁFICA E EDITORA LTDA.
Rua Felício Antônio Alves, 370 – Bonsucesso
CEP 07175-450 – Guarulhos – SP
Fone: (11) 3382-0777 – Fax: (11) 3382-0778
lisgrafica@lisgrafica.com.br – www.lisgrafica.com.br